Stories uit nuwe Kampvure

Deur Abel Botha

(& vrinne)

Uitgegee deur Abel Botha
Postnet Suite 459,
Privaat sak X4019,
Tzaneen, 0850
mwabelb@mweb.co.za

ISBN 9798779561235

Uitleg en publikasie fasilitering deur Abel Botha
Gedruk en gebind deur Amazon.com

*Opgedra aan ou jagmaats en Jagtersvereniging
vriende wie in die fleur van hulle lewe van ons
weggeneem is:
Dirk Mostert, Tewie Wessels, Stella Oosthuizen,
Schalk Robinson, Chris de Wet, Aubrey Engelbrecht
en Ivy Iveson – mag hulle nog steeds saamkuier om
kampvure van hemelboom kole*

Ander boeke deur die skrywer :

'n Vygiebedding vol sterre (digbundel)

Nederig voor die genade.. (Christelike boek)

Toe ashope nog kampvure was

As kampvuur-as eers wegwaai....

Op soek na nog óú Kampvure

Die lewe is 'n storie

Kampvuurstories raak nooit op nie

Kampvure broei mos stories uit

Voorwoord :

Ja, die óú kampvure se stories is nou al min of meer deurgewerk in my vorige boeke. Wat seker gelukkig so is, want dit verplig mens om stories by nuwe kampvure te loop soek. En nuwe kampvure beteken nuwe jagtogte. So jy sou seker kon beweer dat dit 'n lekker verskoning is om weer te kan gaan jag. Maar dit sou 'n groot lieg wees, want elke jagter sal jou kan verseker dat mens nooit 'n verskoning nodig het om te gaan jag nie – dit gebeur mos maar outomaties.

Gister het ons een van my ou jagtersvriende vir die laaste keer gaan groet op sy begrafnisdiens. 'n Week gelede het hy, net soos ons, blakend gesond by 'n kampvuur in die jagveld gesit en kuier. Hy het nie geweet dat dit sy laaste kampvuur sou wees nie – voordat die kampvuur nog eers kole kon maak, is hy dood. Hy was nog nie 60 jaar oud nie.

'n Mens kan nie anders as om weer opnuut diep onder die indruk te kom van presies hoe broos en verganklik ons as mense se lewens is nie.

Maar dit het my ook laat besef: mens moet elke dag voluit lewe, asof dit jou laaste dag is. Koester elke kosbare oomblik van elke nuwe kampvuur of jag-dag in die bos. En wees elke dag dankbaar teenoor die Skepper vir die wonder van daardie dag.

Maar dit het my ook meer vasbeslote gemaak om net aan te hou met skryf – om elke goeie storie om elke nuwe kampvuur te probeer oorvertel om dit vir die nageslag te bewaar. En om die humor van hierdie stories uit te lig sodat die lesers eerder die lekker van die lewe kan onthou as die hartseer.

Soos in my vorige boeke is hierdie almal ware stories. Waar van my vriende die stories aan my vertel het, het ek al die kernfeite net so vertel, maar ek moes maar in my verbeelding elke tree saam met hulle loop om die stukkies tussen die feite te vertel soos dit, uit eie ondervinding, na alle waarskynlikheid sou gebeur het.

En dan moet ek net hier vir Neels Osmers baie dankie sê vir sy kosbare storie wat hy vir my uit New Zeeland gestuur het (jy kan sien hy is al lank genoeg daar dat die "Ingelse" woorde begin insluip so tussen sy Afrikaans!) Kyk, daar is maar net een ou wat 'n storie só kan skryf dat jy hom eintlik kan hóór praat, en dit is hy.

Goeie vriend Paul Smit weet dat my stories begin opraak – ek het hom gevra vir 'n paar van sy stories - en dis met groot waardering dat ek 'n paar baie interessante en ook kostelike storie-briewe van hom kon ontvang, wat ek feitlik onveranderd in hierdie boek plaas.

Abel Botha Tzaneen 21 Mei 2021

INHOUD

As jy iets by die jagkamp vergeet

Elke jagter het al iets in die kamp vergeet, waar hy eers doer ver in die bos agterkom dat genoemde ding agtergebly het. Dit kan byvoorbeeld 'n verkyker wees, of 'n GPS of 'n mes om 'n bok se keel mee af te sny. Of toiletpapier. Alles dinge waarsonder mens darem seker tot 'n mate kan klaarkom.

Toiletpapier wat vergeet is kan nogal 'n lastigheid veroorsaak, maar daar is darem alternatiewe wat mens kan gebruik. En, sonder om nou op die smerige detail van hierdie sakie in te gaan, kan ek darem net sê dat ek van 'n paar jagters weet wat al sonder 'n onderbroek in die kamp teruggekom het – genoemde stukkie kleding lê dan begrawe iewers in die bos waar die groot nood genoemde jagter onverwags oorval het.

En pasop ook maar om sommer enige blaar in so 'n geval te gebruik – ek het as klein seuntjie eendag uit die bos uit teruggekom huis toe met blase op 'n plek waar ek nie graag wou hê my Ma met salf moes regdokter nie. Dis nou as sy dalk gewillig sou wees om my dáár te dokter - mens weet ook nie hoever moederliefde in so 'n geval strek nie, ek wou nie graag uitvind nie.

Maar daar is ander, meer ernstige dinge wat jy ook in die kamp, of nog erger, dalk by die huis kon vergeet het. Soos as jy dalk die regte geweer en die verkeerde patrone by die huis vergeet – wat beteken dat jy by die jagplaas opdaag met die verkeerde geweer en die regte patrone, soos wat eenslag met my gebeur het.

So 'n paar jaar gelede, toe ek alreeds nie meer so betrokke was by die bestuur van die Bosveld Jagtersvereniging (BJV) nie, en ook nie by die reëlings vir jagters kursusse nie, bel Walt Katzke my een Vrydagmiddag uit die jagveld uit, waar hulle besig was met 'n Junior 2 kursus. Op daardie stadium was hy en Carel Buitendag in beheer van die jag kursusse. Die Junior 2 kursus is dié kursus waar die junior jagtertjies gevat word om hulle eerste rooibok te skiet, nadat hulle tevore eers al die teorie en skietoefeninge op 'n Junior 1 kursus deurloop het.

"Oom," sê hy, "ons het Oom se hulp nodig op hierdie kursus, een van ons instrukteurs het laat weet hy kan nie more hier wees nie en ons wil vra of Oom dalk more 'n junior kan uitvat om sy rooibok te jag?"

"Dis reg," sê ek, ek het nie more iets anders aan die gang nie, ek sal sorg dat ek more-oggend halfsewe daar is."

Die kursus word gehou op Rossi Pohl se plaas, so 'n ent anderkant Mooketsi. Dis nie baie ver soontoe nie, mens ry omtrent 50 minute van my huis af om daar te kom. So, halfses die volgende oggend ry ek van my huis op *Doornhoek*, net buite Tzaneen, weg. Maar soos ek reeds in van my vorige boeke gebieg het, is ek nou nie rêrig op my beste so vroeg in die oggend nie.

Want dis eers toe ek by die plaas aankom dat ek, met 'n rooi gesig en groot verleentheid, agterkom dat ek in die donker by die huis my 375 H&H geweer gegryp het in plaas van my 7x57 – laasgenoemde 'n meer geskikte geweer vir 'n jong jagtertjie om sy eerste rooibok mee te skiet. Nog erger – ek het die 7x57 se patrone saamgevat!

Sien, op daardie stadium het al twee hierdie gewere 'n kamoefleer "jassie" om die loop gehad, wat moet keer dat die loop nie blink as die son dit vang wanneer jy jag nie. Dis in elk geval my verskoning hoekom ek die verkeerde geweer uit die kluis gehaal het – al twee se lope het dieselfde gelyk.

Nou ja, omdat niemand by die kursus enige 375 H&H patrone gehad het nie, was daar maar net een oplossing, en dit was dat 'n baie skaam "ervare" ou jagter 'n baie teleurgestelde jong jagtertjie moes agterlaat en maar druipstert moes huis toe ry om die regte geweer te gaan haal. Darem met 'n belofte dat ek hom *definitief* die middag 'n rooibok sou laat skiet.

Weet nie wat hy gedink het van hierdie oom nie – hy vergeet dan sy geweer by die huis, hoe kan die oom dan waarborg dat hy, die jagtertjie, 'n bok sal kan skiet?

Maar wonder bo wonder het ek en die laaitie dié middag die mees perfekte jag. Ons het deur redelike digte bos gejag totdat ons laatmiddag by 'n oop land gekom het, met 'n groterige plat miershoop tussen ons en die land. Nou het ek al uit vorige ondervinding geweet dat rooibokke laatmiddag mos lief is om na so 'n oop land te beweeg. Ek het teen die miershoop uitgeseil en, met my kop agter 'n graspol, versigtig oor die miershoop geloer. En sowaar, daar het 'n paar rooibokke op die oop landjie aan die kort gras gestaan en vreet.

Ek het die geweer versigtig en baie stadig oor die miershoop gestoot en die laaitie nader gewink. Hy het ook opgeseil en het toe 'n mooi vet rooibokooi 'n perfekte doodskoot geskiet. Alles het perfek uitgewerk – die foto wat ek geneem het met die seun, die rooibok en die boom in die agtergrond absoluut goudkleurig geverf deur die laaste sonstrale van die middag, was so mooi dat sy ouma dit laat vergroot en geraam het en dit hang seker nou nog in sy kamer.

'n Ander geluk was dat hierdie seun die enigste een was wat daardie Saterdag 'n rooibok geskiet het. Met die gevolg dat, toe die eerste van die jong instrukteurs die aand om die kampvuur so vir niemand in die besonder begin vertel van sekere ou en ervare jagters wat sowaar die verkeerde geweer met die regte patrone saambring jagveld toe, ek dadelik die beoogde spottery kon stopsit deur vir hulle te vra: "Nou, al julle jong manne het mos heeldag die regte gewere en die regte patrone gehad, kan julle net, voor julle nou oor my begin praat, vir my wys waar is julle kursusgangers se rooibokke?"

'n Ander keer het ek weer, toe hulle my die eerste middag nét na ons op die plaas aangekom het, in die veld aflaai saam met 'n gids (een van dié waarvan ek in my vorige boek geskryf het), kom ek agter dat ek nooit patrone uit my jag-kas gevat het toe ons uit die kamp weg is nie. Gelukkig het ek altyd so vier patrone in die jag-sakkie wat ek agter op my kruis dra, en het ek maar (voor die gids) gemaak asof ek maar altyd in die veld eers patrone uit my jag-sakkie haal om in die geweer te sit!

Een voordeel van bogenoemde fout was dat ek daarná altyd met die eerste jag-sessie eers seker gemaak het dat ek wel patrone gevat het. En dit bring my by die *eintlike* storie wat ek hier wil vertel.

Dit was so drie jaar gelede, toe ek en my gereelde jagmaat, Danwilh Ingram, weer op *Lagerdraai* naby Dendron by vriend Kobus Kriel gaan jag het. My neef, Ossie Osmers (Kobus se skoonpa) was ook saam.

Toe ons die eerste middag op die bakkie klim sodat Kobus ons in ons verskeie jaggebiede kan gaan aflaai, kom ek agter dat ek nie patrone gevat het nie. Ek klim weer af, loop na my huisie toe en kry gou patrone. Toe ek uitkom, loop Ossie nét daar verby en ek sê vir hom: "Ek het amper my patrone in die kamp vergeet!"

Dis toe dat hy my sý storie vertel. Maar voordat ek hom aan die woord stel, moet ek net eers iets oor die Osmerse en hulle jag-gewoontes vertel.

Soos in een van my vorige boeke (*Op soek na nog óú kampvure*) vertel, was die enigste Osmers wat ooit die land vanuit Duitsland binnegekom het om hom permanent hier te vestig, Julius William Osmers. Drie van sy seuns, wat almal gesoute grootwildjagters was, het ek persoonlik geken: oom ou Alex (die groot leeujagter), oom Fred (Ossie se pa) en oom Boet (my vriend Karl Osmers se pa).

Nadat hulle grootwildjag dae verby was, het oom Fred en oom Boet nog gereeld gejag, later op hulle eie plase wat elkeen later jare agter die Soutpansberg gekoop het. Maar kyk, hulle was *ernstige* jagters, nie soos ons klomp sissies van vandag wat jag tot so elfuur en dan kamp toe gaan vir "brunch" en miskien 'n kort middagslapie nie, om dan weer 3 uur namiddag se kant weer 'n tweede jag-sessie in te kry. Nee, hulle het in die oggend as dit nét lig word begin jag, en dan gejag totdat hulle iets geskiet het of totdat dit laat namiddag weer begin donker word. Oom Fred se ouer seuns, soos Ossie, het hierdie selfde gewoonte gehad.

Nou kan ek seker vir Ossie aan die woord stel: "Ek het een oggend vroeg, ek kon net-net die bome uitken so donker was dit nog, met my 7mm van die plaashuis af begin jag." (Dit was op *Vrienden*, die plaas wat oom Fred destyds agter die berg gekoop het, en wat later Ossie s'n geword het.)

"Vroegoggend hardloop 'n koedoebul vir my weg, nog voordat ek eers die geweer kon lig. Ek het sy spoor gevolg vir seker twee ure, maar hy het elke keer gewag vir my en weggehardloop voordat ek 'n skoot kon inkry.

"Later het ek maar die spoor gelos en verder gejag. Die namiddag het ek 'n troppie rooibokke gekry, maar net toe ek wou skiet, draai die windjie en hulle hardloop weg. So het ek heeldag gejag en kon net nooit 'n skoot inkry nie. Dit was al goed donker toe ek weer by die huis aankom.

"Maar ek was stomgeslaan toe ek by die huis my geweer wil veilig maak en ek agterkom dat ek die hele dag hard gejag het sonder dat ek 'n enkele patroon óf in my geweer óf in my sakke gehad het!"

'n Jagter word nooit te oud om te leer nie

"Motsomi ga fele. 'n Jagter raak nie klaar nie," sê *die Batlokwas van Noord Transvaal.* Só begin Pieter Pieterse een hoofstuk van sy kostelike boek *"Boude en Blaaie."*

As ek so na my neef Ossie, wie se storie ek in die vorige hoofstuk vertel het, kyk, is dit seker baie waar. Hy jag nog ten minste een maal 'n jaar, en hy is vanjaar 82 jaar oud! 'n Week gelede het hy nog 'n groot koedoebul en 'n blouwildebees geskiet.

En natuurlik is dit baie verblydend vir ons jagters wat nou ook al nader na 70 se kant toe begin staan, want dit beteken dat, as die Here ons spaar én met goeie gesondheid seën, ons darem nog 'n paar jaar se jag mag oorhê.

Maar daar is ook nog 'n ander waar sêding, kom ek agter toe ons (dis nou ek, my broer Jopie en my jagmaat Danwilh Ingram en 'n paar jongmanne) einde April hierdie jaar weer by vriend Nic Fourie se plase *Barend* en *Piet,* gaan jag. En dit is: 'n Jagter word nooit te oud om te leer nie. Maar ek leer toe sommer ook wat dit is wat mense bedoel as hulle sê: "Beroemde laaste woorde", of *"Famous last words"* in Engels. En ook wat hulle bedoel wanneer hulle in Engels sê: *"Never say never."*

Ek sal met die laaste stelling eerste begin. In my vorige boek *"Kampvure broei mos stories uit"*, het ek (nogal heftig), die volgende gesê: *"En ek het nog nooit weer met 'n gids gejag nie en sal ook nooit weer nie."* Ja-nee, dit was rêrig *"Famous last words"*, want nie eers 'n jaar nadat ek hierdie woorde geskryf het nie, moes ek weereens met 'n gids jag – en dit op 'n plaas waar ek normaalweg altyd sonder 'n gids jag. Inderdaad: *"Never say never!"*

Die ding het só gebeur: ek jag graag elke jaar 'n waterbok vir my "beesvleis" vir die jaar wat voorlê. (My skaapvleis is gewoonlik rooibokooie, of laasjaar 'n njala ooitjie – laasgenoemde besonder lekker vleis). En vir julle onkundiges wat nou nog die oumens- (of ouvrou) stories glo dat mens nie waterbok vleis kan eet nie omdat die vleis dan kwansuis stink – ek voel jammer vir julle.

'n Waterbok se vleis is, soos eland en gemsbok, van die lekkerste groot-bok vleis wat jy kan kry. Waterbok kook-vleis is selfs nog beter as eland kook-vleis, want 'n eland se vet sit so effens aan jou verhemelte vas as dit bietjie afgekoel het (eland steaks is natuurlik absoluut prima vleis). En 'n waterbok koei is nog bekostigbaar en baie goeie waarde vir geld. En, alhoewel 'n elandkoei seker die beste waarde vir geld vir 'n vleis-jagter is, het jy, met die hoeveelheid vleis wat jy uit een koei kry, omtrent klaar gejag vir die jaar as jy 'n eland geskiet het. En 'n gemsbok is weer 'n baie duur bok vir ons Bosveld vleis-jagters. Daarom dat 'n waterbok vir my die ideale vleis-bok is.

Die storie oor die "stink vleis" van 'n waterbok, kom natuurlik daarvan dat waterbokke 'n taamlike olierige vel het, wat hierdie sterk reuk (ek sou dit nie juis "stink" noem nie) veroorsaak. Dit kom meesal by ou bulle voor, en soms by groot koeie ook. Maar ek het al baie waterbokke geskiet wat glad nie hierdie reuk gehad het nie.

Maar meeste slagters op jagplase weet ook van hierdie ding, en slag dus baie versigtig. Die geheim is dat die slagter, as hy die vel afslag, nie aan die vleis moet raak met daardie hande nie. Verkieslik moet een ou die vel afslag en die ander die binnegoed uithaal, of die vel-slagter moet net sy hande baie deeglik was voordat hy aan die vleis vat. Op baie plase word die karkas met vel aan eers deeglik gewas voordat daar begin slag word. Dit help ook baie.

Natuurlik weet vriend Nic Fourie, op wie se plaas ons jag, ook van die waterbok wat ek elke jaar wil jag. En omdat hy 'n goeie vriend is en my graag die beste kans wil gee om dit reg te kry, sê hy dat ek die waterbok op die buurplaas *Jooste* moet gaan soek – omdat daar heelwat meer waterbokke is as op *Barend* of *Piet*.

Die probleem is egter dat ek *Jooste* glad nie ken nie, ek het nog nooit daar gejag nie. Daarom sê Nic dat ek die gids wat op *Jooste* werk, moet saamvat om vir my die plaas te wys. As hy die frons op my gesig sien, sê hy: "Toemaar, hy is 'n baie goeie jagter, jy sal nie probleme met hom hê nie." Nou ja, daar gaan my heftige voorneme!

"*Never say never*!"

Nic en die eienaar van *Jooste* het 'n paar jaar gelede in 'n vennootskap gegaan. Wat dit presies alles behels weet ek nie so seker nie, maar onder andere hanteer Nic die jagte op al drie plase. Uit die aard van die saak meer op *Barend* en *Piet*, maar hy mag ook op *Jooste* laat jag.

So ry ek en die gids toe die eerste middag met my Mahindra bakkie van die kamp af weg na *Jooste* toe. Ons ry 'n ver ent deur die plaas, op een plek moet ons baie steil teen die voet van Bloukop op ry.

"Hier moet jy fô baai fô gaan," skryf die gids voor.

"Dink hy ek weet nie hoe om my eie bakkie te ry nie?" vererg ek my sommer lelik vir die ou. "Enige aap kan sien dat dit 'n 4x4 lae trajek opdraande is dié." Maar ek sê dit, om nie dadelik slegte verhoudings op te bou nie, net in my gedagtes.

'n Ent verder laat hy my onder 'n jong kremetartboom stop. Nou jag ons versigtig in 'n oostelike rigting totdat ons naderhand by 'n dam uitkom. Ons loop gebukkend langs die dam op tot by 'n omgevalle boom waar ons agter 'n struik gaan sit en kyk.

Ver, anderkant die dam se inloop kant, kan ek *Jooste* se opstal net-net uitmaak deur die struiklower. Nader aan die opstal kan ek rooibokke uitmaak, en nader aan ons 'n volstruismannetjie. Nadat ons 'n hele ruk daar gesit het, kom daar 'n alleen waterbokbul in die vloedvlakte in gewei. Dis 'n groot bul en ons kyk angstig of daar nie dalk koeie ook uit die bos sal kom nie, maar daar is niks. Ek wil nie 'n bul skiet nie, want ek vermoed teen 'n prys van presies drie maal dié van 'n koei gaan daardie vleis baie bitter in my mond wees - 'n koei se vleis gaan baie lekkerder wees!

Nadat ons 'n lang ruk by die dam gesit het sonder dat daar weer iets opgedaag het, jag ons met 'n ompad skuins teen die wind terug bakkie toe en ry terug kamp toe. Aan die bokant van die steil afdraand "beveel" die gids my natuurlik weer: "Sit hom in fô baai fô!"

Die volgende dag ry my broer Jopie saam met ons in die bakkie. Ons ry eers 'n ander pad deur die plaas – kort-kort kry ons rooibokke of koedoes wat nét hier by ons rustig staan en wei, maar die gids wil nie dat ons skiet nie, "Ons soek eers 'n waterbok," sê hy. As ons later beslis sê dat ons nou gaan skiet, kom hy naderhand met die groot woord uit:

"Ons mag nie hier rooibokke of koedoes skiet nie, net waterbokke, want hierdie is die Oubaas se spens."

"Nou waar is die grens van hierdie spens?" vra ek.

"Nee, ek sal julle moet wys."

Maar ons kan nie kop of stert uitmaak van presies waar hierdie grens loop nie. G'n wonder Nic het aangedring daarop dat ek saam met die gids moes jag nie. As hulle ook net verduidelik het van die spens, sou ek dalk nie so negatief oor die gids gewees net nie!

Ons stop weer onder 'n (ander) kremetartboom, hierdie keer nader aan die dam. Ek en die gids loop na die dam toe terwyl Jopie in die bakkie bly sit. Hierdie keer loop ons sommer in die paadjie wat af na die dam toe loop. Die laaste stuk loop ons baie versigtig tot by die dam en loer versigtig links na die inloop se kant toe óm die bos wat daar staan.

Maar toe was dit die verkeerde kant toe om te kyk, want hier, vyf tree regs van ons af, spring 'n groot waterbok koei met 'n groterige kalf weg, regs van ons verby die bos in. Ons het glad nie eers regs gekyk nie, want daar is net 'n rotsblok en ná die rotsblok is dit seker vyf meter na die plaasgrens. Die waterbokke moes in hierdie kolletjie tussen die rotsblok en die grensheining gestaan het.

Ons loop versigtig terug in die paadjie, maar ek kan net die kalf deur die ruie takke sien. Dan spring hulle weg en hardloop reg voor Jopie, wat in die bakkie sit, verby, en vang hom ook onkant, want die waterbokke kom dan uit daar waar ons minute gelede ingeloop het!

Die res van die oggend ry ons maar met die bakkie deur *Jooste*, maar sien niks wat ons mag jag nie – sien natuurlik weer baie rooibokke en koedoes in die spens – ten minste kan die "oubaas" weet sy spens was 'n geslaagde idee! En natuurlik, omdat Jopie vandag bestuur, weer die bevel: "Sit hom in fô baai fô!" by die steilte teen Bloukop.

Omdat Jopie die middag vir ons vriend Karl Osmers op *Cohen* gaan kuier, ry ek en die gids alleen na *Jooste* toe. Omdat die wind heeltyd dwarrel, besluit ons om net met die bakkie te jag.

Ja toemaar, jy wat sê dis oneties, ek respekteer jou siening van die saak heeltemal – ek het ook voorheen só redeneer. Vir jou wil ek sê: "Gaan lees mý siening oor jag-etiek in my boek *As Kampvuuras eers wegwaai,* dan kan ons weer praat". En ek jag nog steeds met die voet as ek 'n kans kry én die wind konsekwent waai, maar net omdat ek daarvan hou om alleen in die bos te wees.

'En vir jou wat sê dis onwettig om met 'n bakkie te jag: "Ou maat, jy het nie die wet mooi heeltemal deurgelees nie, want die wet sê: 'Dis onwettig om van 'n voertuig af te jag, behalwe (onder andere) in die geval van 'n gestremde persoon **of iemand wat bo 65 jaar oud is**." So, daar het jy dit.

So jag ons (wettig) vir 'n geruime tyd deur die plaas – in dié gedeelte van die plaas buite die spens. Skielik sien ek 'n koedoekoei aan my kant van die bakkie. Sy is baie naby, maar staan half tussen die takke van 'n boom. Dan gee sy 'n paar tree vorentoe en staan nou taamlik skuins van my af weg, maar mooi oop. Wanneer ek die geweer lig en deur die teleskoop kyk, sien ek dat sy 'n klein kalfie het.

"Ek gaan nie skiet nie," sê ek vir die gids, "want sy het 'n kalfie wat nog baie klein is."

"Skiet haar!" sê die gids.

"Nee man, daardie kalfie drink verseker nog aan die koei, ek gaan nié skiet nie."

Moenie worry oor die kalfie nie, sê die gids, "skiet haar!"

"Jy mag miskien nie 'worry' oor die kalfie nie," sê ek, "maar ek 'worry' oor hom. Ek gaan definitief nié skiet nie!" en ek ry verby die boom.

Ek stop weer, want nou staan sy pragtig plank dwars. Dis 'n mooi prentjie, die koei en kalfie wat redelik rustig vir ons staan en kyk. Maar die gids sien net vleis, want weer sê hy: "Skiet haar, kyk hoe mooi oop staan sy!"

Toe vererg ek my: "Luister, hou nou op om vir my te sê ek moet 'n koei skiet waarvan ek doodseker is die kalfie gaan vrek as ek dit doen. Jy is veronderstel om jou baas se wild op te pas, nie om toe te laat dat 'n kalfie gaan vrek as iemand die ma skiet nie!"

Wanneer ons verder ry, is ons taamlik dikbek vir mekaar: hy omdat ek nie geskiet het nie en ek omdat hy aangehou het dat ek moet skiet. Hy is so dikbek dat hy selfs vergeet om te sê: "Sit hom in fô baai fô!" by Bloukop se steilte.

'n Ent verder kry ons waterbokke, aan die gids se kant van die bakkie. As ek stilhou, spring die een koei weg agter 'n bos sodat ek haar nie meer kan sien nie.

"Daar staan een onder die boom!" sê die gids.

Ek manipuleer die geweer hier voor hom verby sodat ek na daardie kant kan skiet. As ek deur die teleskoop kyk, lyk die waterbok vir my taamlik klein. Ek kan ongelukkig nie haar kop sien nie, en aan die kop kan jy meesal sien of dit 'n groot koei is of nie. Mens maak baie maklik 'n fout met 'n waterbok wat alleen staan, want die kalwers lyk presies soos die groot koeie.

"Dis 'n klein waterbokkie daardie," sê ek vir die gids.

"Sy is nie klein nie, dis 'n groot koei daardie, jy moet skiet!'

Ek kyk weer. "Ek sê jou, dis 'n klein waterbokkie daardie," sê ek weer.

"Nee," sê die gids, "dis definitief 'n groot koei daardie."

Ek wil dit nog nie glo nie, en, teen my beterwete in, trek ek die skoot af.

"Mooi skoot!" sê die gids, "sy het geval!"

Ons loop na die waterbok toe, die gids voor.

Dan, wanneer hy by die waterbok kom, sê hy: "Nou het ons k*k gemaak!"

Ek beur by hom verby. Op die grond lê nie 'n waterbok koei nie, maar 'n jong waterbok bulletjie!

"Jou donner," sê ek vir hom, "ek het vir jou gesê dis 'n klein waterbokkie!"

"Nee, maar ek het gedog jy gaan die ander een skiet", sê hy, "maar moenie worry nie, ek sal met Nic praat, miskien kan ons 'n plan maak."

Ek is woedend, kwaad vir die gids en kwaad vir myself, dat ek my sowaar laat ompraat het om te skiet. As Nic net by die reëls gaan hou soos hy heeltemal geregverdig kan doen, sal ek drie keer die prys van 'n koei moet betaal vir 'n waterbokkie wat nie eers die helfte van die grootte van 'n koei is nie! Want, ék is die jagter, ék het die sneller getrek, so ek alleen is verantwoordelik vir die skoot, en nie die gids nie.

Ons het die bokkie sommer met die hand agter op die bakkie gelaai en huis toe gery. Ek het nie weer een woord met die gids gepraat nie. Want, waar ek eers gedink het dat daar wel 'n ander koei was wat ek nie gesien het nie, omdat die gids dalk verby die bos kon sien wat my blik versper het, het ek op die terugrit al hoe meer begin wonder of dit so was. Sy reaksie ná die skoot het vir my baie gelyk asof ons vir dieselfde bok gekyk het.

Toe ons by die slagplek kom en die bokkie aflaai, sien ons dat hy nog 'n skoot hoog by die rug deur het. Maar toe ons dit van nader bekyk, lyk dit tog of die koeël nié deurgegaan het nie. Ons kom tot die slotsom dat iemand na 'n ander waterbok geskiet het en dat die koeël regdeur daardie bok gegaan het en hierdie een in die rug getref het. Die waarskynlikheid is seker bitter klein dat daar twee sulke onnosel jagters namekaar sou wees wat al twee na so 'n klein bokkie sou skiet!

Nic het my storie uitgehoor en my op die ou end baie min laat betaal vir die bokkie – heelwat minder as wat ek verwag het en *baie* minder as wat ek verdien het!

Maar ek het amper op my rug geval toe ek die gids binne in die slagplek die volgende vir Nic hoor sê: "Ons het 'n groot koedoekoei ook gekry wat mooi oop gestaan het, maar ons het gesien dat sy 'n klein kalfie het en het haar toe gelos want die kalfie sou vrek as ons die ma geskiet het,"

En hy was baie in sy noppies toe Nic hom bedank vir hierdie weldaad van hom!

Maar na bogenoemde episode en vorige klein waterbokkies wat ek geskiet het, het ek besluit dat my beesvleis voortaan liewers koedoekoeie gaan wees!

Ek dink Nic het seker die donderweer op my gesig gesien toe ons van bogenoemde episode teruggekom het, want hy het my nie weer saam met die gids laat jag nie. Die res van die tyd het ek met die voet op *Piet* en *Barend* gejag en die laaste middag het ek saam met Nic op sy Mahindra Thar Jeepie gery en jag.

Nic het twee lekker sitplekke agter op die Thar ingebou, met kussings oor die kant "roll-bars" waaroor mens lekker kan dooierus vat. Ek en Jopie sit in hierdie stoele en Danwilh sit voor langs Nic.

Nadat ons 'n hele ent gery het, sien ons skielik 'n koedoekoei aan my kant van die pad. Sy staan met haar lyf agter 'n bos, maar haar nek is oop.

"Skiet haar in die nek!" sê Nic.

Ek skiet en sy val net daar.

"Mooi skoot!" sê Nic.

Maar na 'n rukkie staan sy weer op, baie dronk, maar darem.

"Skiet haar weer in die nek!" sê die plaaseienaar weer. Ek luister altyd vir die plaaseienaar en maak só. Sy val weer en dié keer lyk dit of sy gaan bly lê. Ons ry 'n entjie met die paadjie aan om agter die bosse langs die pad in te kom, en ry dan in 'n sandslootjie tot by die koedoe. Sy lewe sowaar nog, lê op haar vier pote met haar kop regop. Ek het duidelik nie die nek-murg getref nie.

"Skiet haar in die kop," sê Danwilh.

"Nee, gaan sny haar sommer keel-af," sê Nic.

Maar dis nou eenkeer waar ek nié vir die plaaseienaar moes luister nie, want toe sy ons hoor praat kom sy weer regop en begin dronk-dronk die bos inloop.

"Skiet haar weer in die nek!" sê Nic nou.

"Ek kan haar in die kop skiet," sê Jopie, aan wie se kant die koedoe nou is.

"Skiet!" sê ek vir Jopie, terwyl ek self weer 'n haastige skoot na die nek skiet. Die koedoe val asof jy haar met 'n paal oor die kop geslaan het, van Jopie se mees perfekte kopskoot agter die oor.

Ons klim af en kyk na die skote – my eerste twee skote sit so 50 cm van mekaar af in die nek – al twee bo-oor die nek-murg. My laaste skoot was nie so goed nie, dit was te laag en het net deur die skof gesny, soos die koedoe reg van my af weggeloop het.

"Vandag het hierdie ou jagter weer iets nuuts geleer," sê ek vir Nic, "dit lyk my as jy 'n koedoekoei in die nek skiet, val sy altyd, al skiet jy nie die nek-murg raak nie. Jy moet net sorg dat jy dadelik by haar uitkom om haar 'n doodskoot te gee." (Ek skiet normaalweg nooit na 'n dier se nek nie, net miskien in baie uitsonderlike gevalle, so die ervaring was vir my 'n nuwigheid.)

"Dis heeltemal waar," sê Nic, "ek het dit al baie kere gesien. Moet dit nét nie met 'n koedoebul probeer nie – op 'n bul se dik nek werk dit verseker nie."

Terwyl Nic sy gidse oor die radio roep om die koedoe te kom oplaai, sê Jopie vir my: "Nou is ons kiets, jy het my koedoe anderdag doodgeskiet en nou het ek joune doodgeskiet!"

(Lees hierdie storie oor *Jopie se Oporto koedoe* in my vorige boek: *"Kampvure broei mos stories uit"*)

Die blindederm koedoe

Jy hou nie sommer 'n jagter van die jagveld af weg nie, maak nie saak hoe opgekrok of siek hy is nie. Dit kom ons agter toe ons in April 2008 daar op *Outop*, die plaas wat Coenie Burger gehad het wat tussen Bokmakierie en Mopani weerskante van die teerpad lê, gaan jag het. Dis nou ek, my jonger broer Jopie, sy skoonseun Louis Joubert, en Louis se pa, Louis senior. My vroutjie kon nie saamgaan nie, die ander ouens vat almal hulle gesinne saam.

Louis junior het iewers gehoor dat Coenie soveel as moontlik wild van sy plaas wil afhaal, en dus die wild teen rand per kilogram laat jag – maar teen 'n baie billike prys.

Coenie se plaas word naamlik deur die regering gekoop in 'n grond-eis transaksie. Coenie, synde baie lief vir die wild op sy plaas, is bang dat die nuwe intrekkers op die plaas nie altyd sal kan sorg dat die diere water het om te drink nie. En Coenie kon die gedagte dat sy wild dalk van dors kon vrek, net nie verduur nie. Daarom die besluit om dan maar eerder soveel as moontlik van die wild te laat jag.

In elk geval, Louis reël toe vir ons 'n jag op *Outop* vir die naweek van 10 tot 13 April 2008. Maar toe wil die noodlot net met alle geweld vir Louis pootjie, want Sondag die 6ᵉ April, vier dae vóór ons moes gaan jag, kry Louis skielik die allervreeslike pyne laag op sy maag, en daardie selfde aand word 'n noodoperasie op hom uitgevoer om sy blindederm te verwyder. En die dokter is baie beslis dat Louis definitief nie sal kan gaan jag nie.

Maar Louis is net so beslis dat hy wel wil gaan jag, totdat die dokter naderhand vir hom sê: "Nou goed. Jy kan saamgaan, maar jy bly in die kamp, jy gaan nie uit veld toe nie!"

Maar selfs dít kon die noodlot nie heeltemal regkry nie – dis nou om vir Louis in die kamp te probeer hou. Soos ek reeds gesê het in die eerste sin van hierdie storie: "Jy hou nie sommer 'n jagter uit die jagveld uit nie!"

Toe ons Donderdagmiddag by *Outop* se jagkamp, wat links van die teerpad lê aanland, is die eerste ding wat ons baie beïndruk, Coenie se vindingrykheid wat oral in die kamp opmerklik is.

Daar is allerhande verskillende innoverende goed wat hy gebou het, van braaiers tot by sy lapa se heining – laasgenoemde die ding wat ons die meeste beïndruk het. Want dit werk amper soos 'n blinding voor 'n venster, behalwe dat die blinding se "vinne" vertikaal is in plaas van horisontaal soos 'n konvensionele blinding. Wanneer jy aan 'n arm trek, kan die heining se planke oop draai om in die warm somermaande 'n koel luggie deur te laat. In die winter, wanneer die aande in die Bosveld ysig koud kan raak, vou jy die "blinding" se planke toe dat die yskoue windjie nie daardeur kan waai nie.

Toe ons later die middag na die opstal op die plaas, wat oorkant die teerpad lê ry, sien ons daar nog meer van Coenie se innoverende skeppings, soos die "jeep" wat hy vir sy kleinkinders uit 'n paar ander ou karre opgebou het. Maar hy het nie net met ysters en hout nuwighede geskep nie, kom ons agter toe ons in die kampie agter die huis na die "zonkies" wat hy geteel het, gaan kyk.

Hierdie "zonkies" (Coenie se woord) is 'n kruising tussen donkies en zebras. Die lywe is skakerings van bruin – die agterlywe en bene ligbruin en voorlywe donkerder bruin, met duidelike swart zebra-strepe oor die hele lyf. Op die ligter agterlyf en bene wys dit natuurlik duideliker as op die donker voorlyf.

Coenie se jag voertuig is 'n Ford F250 waarop hy ook interessante modifikasies aangebring het. Agterop die bak is drie rye sitbankies aangebring, met 'n hoë seildak daar bo-oor. Daar is loopvlakke aan die twee kante van die bak, gemaak uit aluminium vastrap-plaat, en agter die bak onderkant die klap (wat hy afgehaal het) het hy 'n trappie van dieselfde plaat geskep wat aangebring is (lyk dit vir ons) om, behalwe natuurlik as opklimplek te dien, ook so gebou is om Coenie se unieke jag "modus operandi" te pas.

Coenie verduidelik vir ons hoe sy jagte die volgende oggend gaan werk:

"Een jagter op 'n slag sit agter op die onderste trappie agter die klap. Wanneer ons wild langs die pad gewaar, wag jy totdat daar 'n bos of boom tussen jou en die wild is, en dan spring jy af en bekruip die wild. Ek gaan nie stop nie, die ou wat daar sit moet in die ry afspring.

"My Jack Russel hondjie sal op die bak bly totdat hy 'n skoot hoor, dan sal hy afspring en dadelik die bok se spoor begin volg – julle moet net sorg dat julle bybly."

"Coenie," vra ek, "kan ek maar met die voet jag more?"

"Ja, dis goed," sê hy, "ek sal vir jou 'n ander gids gee, wat wil jy skiet?"

"Ek soek net 'n koedoekoei," sê ek.

"Dis goed, die gids sal jou more oggend halfsewe hier by die opstal kry."

Die volgende oggend vroeg loop ek en die gids in 'n noordelike rigting van die opstal af weg. Al die ander mense klim op Coenie se jag voertuig en hulle ry in 'n oostelike rigting.

Ek en die gids loop in die grondpaadjie, maar het skaars 'n kilometer geloop of die gids sien iets beweeg in die bos. Ons gaan sit onmiddellik, en deur die bosse sien ons dit is koedoes – ons sien net die bene. Dit lyk of hulle in 'n suidelike rigting beweeg, al vretende aan die groen mopanieblare. Dit lyk of daar 'n oop gangetjie is waarin hulle sal beweeg, en ons seil op ons mae na 'n struik mopanie waarvandaan ons mooi in die gangetjie behoort te kan sien.

Ons sit vir 'n baie lang ruk en wag, totdat daar naderhand 'n koei in die gangetjie inbeweeg en gaan staan. Ek skiet haar 'n mooi hart-skoot en waar sy gestaan het kry ons haar weghardloop spore. Net omtrent 60 meter verder kry ons haar dood lê. Die gids sny haar keel-af met my jagmes en loop dan terug opstal toe om 'n voertuig te gaan haal en ons laai haar by die slagplek af. My hele jag het net 'n halwe oggend geduur en nou is ek klaar gejag vir die naweek! En dit was rêrig een van die weinig kere dat ek nie 'n probleem met 'n gids gehad het nie.

Coenie het self later met 'n skerp mes al die bloed-vleis rondom die skoot weggesny, en ook die paar ribbebene rondom die koeëlgat weg gesaag – so netjies soos ek lanklaas gesien het. En eers ná dit het hy die karkas geweeg sodat ek nie vir die bloederige vleis en uitgesaagde stukke rib hoef te betaal nie! Waar kry jy weer so 'n plaaseienaar?

Die middag ry ek saam op die jag voertuig. Louis, die ou wat glad nie uit die jagkamp mag roer nie, sit agter op die trappie saam met 'n jongman (ek meen te onthou dit was dalk Coenie se seun). Sy pragtige swaar dubbelloop 500 voorlaaier lê oor sy skoot. Die jongman het 'n 308 by hom. Die woelige Jack Russel hondjie loop heen en weer op die loopvlakke langs die kante van die bakkie.

Nadat ons 'n hele ruk deur die plaas gery het, sien ons koedoes aan die regterkant van die paadjie – 'n ent ver in die bosse. Coenie stop nie maar hou net aan met ry. Nie een van ons het agtergekom dat Louis in die ry afgespring het nie, ons kon net aan die Jack Russel se gedrag sien dat daar nou iets gebeur het. Want nou hardloop hy heen en weer op die regterkantste loopvlak. Hy gee eers sulke fyn tjankies en dan klink dit weer nes 'n stoomlokomotief wat teen 'n steil opdraande opsukkel soos hy hêgê-hêgê asemhaal.

Ons ry stadig by die koedoes verby, wat nou almal stip na die bakkie staar. Maar ons is nog nie eers 100m verby nie of daar donder die voorlaaier! Ons kan duidelik aan die "doep" geluid op die bok hoor dat daardie halfduim deursnit loodbal (of dan 12.7mm vir julle jonges) vleis getref het.

Nou gebeur dinge vinnig. Eerstens spring daardie woelige Jack Russel met 'n boog reguit van daardie hoë loopvlak af tot op die grond – ek was seker hy sou sy bene breek. Maar moenie glo nie, hy spring met 'n vaart en tjank-blaffies agter die koedoe aan. Terselfdertyd spring die jongman ook af en hardloop met net so 'n spoed agter die hond aan. En ons wonder bekommerd of die ou met die blindederm of liewer *sonder* sy blindederm ook agter die spul gaan aanhardloop.

En hy het seker, kom ons agter, want nou donder daar 'n tweede voorlaaier skoot 'n ver ent van ons af in die bos. Maar dit klink of hierdie tweede voorlaaier skoot definitief mis is. En aan die hondjie se tjank-blaffies kan ons hoor dat die spul nog verder weg beweeg. En ons weet ook dat Louis onmoontlik sy voorlaaier so gou weer sal kan laai.

Maar dan hoor ons 'n 308 skoot opklink, en die tjank-blaffies hou op. So, die koedoe is seker nou dood. En dit is ook so, want 'n rukkie later kom die jongman uit die bos en beduie ons hoe om te ry om by die koedoe te kom.

Dis toe ons by die koedoe kom dat ons onmiddellik sien dat 'n blindederm operasie en 'n hardlopery agter 'n gekweste koedoe aan, dalk nie heeltemal die regte kombinasie uitmaak nie, want Louis is absoluut krytwit in sy gesig. Dit lyk asof hy amper nie eers meer sal kan regop staan nie, want hy kniel daar by die koedoe terwyl hy sy afwesige blindederm vashou.

Dit vat 'n hele ruk voordat hy genoeg asem bymekaar kan maak om te praat: "Die bleddie hond het my amper dood gehad!" sê hy, "as hy nie so agter die koedoe aangehardloop het nie, sou sy nie ver gehardloop het voordat sy val nie. En dan sou ek ook nie nodig gehad het om te hardloop nie. Ek het so gebewe toe die koedoe die eerste keer gaan staan en was so swak dat ek amper nie die swaar voorlaaier kon optel om te skiet nie. Dis seker hoekom ek heeltemal mis geskiet het.

"Toe die koedoe die tweede keer gaan staan en begin swik, het ek maar liewer, om doodseker te maak, hierdie jongman se 308 gegryp en haar van naby af dood geskiet. Ek sou nie nog een enkele tree kon verder hardloop nie!"

Ja nee, dit lyk my 'n jagter kan half dood ook wees, maar jag sal hy jag! En ons wonder wat daardie dokter sou gesê het as hy moes weet van hierdie petalje!

Wallie se stres

As ons na 'n jagplek of êrens anders in die bos ry, ry ek met my eie voertuig en nie saam met iemand anders nie – dis onononderhandelbaar. Dit het ek jare terug al besluit. Want ongelukkig is ek een van daardie ongewenste minderheidsgroepe wat geen menseregte het nie. Want ek rook dan, hoe durf ek enige regte hê? En natuurlik is dit absoluut ondenkbaar dat ek ander mense se karre mag besoedel met my pyprook.

Ja, en natuurlik respekteer ek hulle reg om te besluit wat ander mense in hulle karre mag aanvang of nie – so, los my ook uit as ek nie met jou wil saamry om kostes te verminder of om watter ander rede ook al nie. Jy kan enige tyd saam met my ry, maar dan *moet* jy rook! As jy nie wil nie, sal ek jou in elk geval gratis tweedehandse rook gee.

Vroeër jare het die bestuur van die Letaba tak van die Bosveld Jagtersvereniging (BJV) elke jaar einde Augustus of begin September 'n Bestuurs-jag naweek gehou, waaroor ek al in van my vorige boeke geskryf het. Dit was die naweek waar die bestuur van Letaba BJV gewoonlik op my vriend Karl Osmers se plaas *Cohen* gaan uitspan het ná die harde werk vir al BJV se aktiwiteite deur die jaar.

'n Paar ouens het gejag, die res het net lekker saam gekuier.

'n Paar dae voor een van hierdie naweke, so 'n hele paar jaar gelede, bel my groot vriend Wallie van Dyk my eendag.

"Kan ek dalk saam met jou opry na die Bestuursjag naweek?" vra hy.

"Jy kan met plesier," sê ek, "maar ek gaan dalk baie laat wegkom Donderdagaand – ek het eers 'n klomp werk wat ek sal moet klaarmaak voordat ek kan ry."

"Dis reg so," sê Wallie, "dit sal my ook pas om later te ry, ek het ook eers goed wat ek moet klaar maak."

Die Donderdagaand nege uur ry ek en Wallie eers uit Tzaneen weg op pad na *Cohen* met my ou blou Land Cruiser. Omdat ons mekaar nie so gereeld sien nie, gesels ons land en sand aanmekaar en sommer gou sien ons Louis Trichardt se ligte voor ons – die tyd gaan mos vinnig verby as mens so gesels.

Maar dan sien ek ook 'n ander liggie – die Land Cruiser se alternator liggie. Hoe lank sou dit nou al brand? Op Louis Trichardt gooi ons brandstof in – as ons stadig ry om by die pomp te stop, lyk dit asof die ligte baie flouer word. As ek die enjin "ref", tel die ligte weer effens op. Ek sluit af, as die Land

Cruiser se battery dalk al te pap is sodat dit nie wil vat nie, is hier darem genoeg mense wat kan stoot.

Ons kyk na die waaierband – dit lyk nog reg en is ook nie te pap nie. Die alternator se draadjies lyk ook asof dit almal gekoppel is en nie los is nie.

"Ons moet maar ry," sê ek vir Wallie toe ons klaar brandstof ingegooi het, "ons kan tog nou niks hier in die donker doen nie. Jopie moet maar op die plaas kyk wat hy kan doen. Ek sal maar met die ligte ge'dim' ry."

Die Land Cruiser vat darem gelukkig, maar aan die stadige draai van die enjin kan mens agterkom dat die battery definitief nie meer vol gelaai is nie. So ry ons maar weg met gedompte ligte.

Bo-op die Soutpansberg merk ons bekommerd op dat die ligte nou al merkbaar swakker is. Gelukkig kom die maan nou op – en dis helder volmaan. Anderkant die H.F. Verwoerd tonnels skyn die volmaan baie helder, soos dit gewoonlik doen op plekke sonder baie kunsmatige ligte. En dis baie goed, want die ligte word nou so swak dat ek bekommerd begin raak dat die battery naderhand so pap sal word dat dit die enjin kan laat uitsny.

Ek slaak 'n sug van verligting as ons uiteindelik in die Huntleigh grondpad links kan indraai. Want nou sit ek die ligte heeltemal af en ry verder. Die "buitelig" is helder genoeg om redelik goed te kan sien en die kanse dat daar elfuur in die nag karre op hierdie pad sal wees, is baie skraal.

Nou ry ek maar gewone spoed op die grondpad – ek ry hierdie pad darem al seker meer as dertig jaar en weet waar al die slegte plekke is waar ek moet stadig ry. Ek gesels lustig voort, Wallie praat nie juis terug nie, maar ek geniet nogal die ry sonder ligte in die maanlig.

Wanneer ons uiteindelik voor *Cohen* se hek stilhou dat Wallie dit kan oopmaak, sê ek vir hom:

"Jy was darem besonder stil op hierdie stuk grondpad, ek ken jou mos nie so nie?"

Maar toe Wallie antwoord: "Sjoe, ek is net *verskriklik* bly dat ek nog leef!", kom ek eers agter dat Wallie hom sowaar vrek gestres het oor die stuk grondpad wat ons sonder ligte gery het!

'n Jaar later, met die volgende Bestuurs-jag naweek, bel Wallie my 'n paar dae voor die tyd, en sê: "Hoor hier, jy ry hierdie jaar saam met my – en jy mag maar in my Land Cruiser rook!"

"Ek slaap nie saam met 'n vark nie!"

'n Man kan nie 'n sissie wees as jy saam met 'n paar manne in die somer, buite die jagseisoen, plaas toe gaan nie. Nee, jy moet sterk wees en jy moet kán kuier. Dis dié dat jy my nie sommer op so 'n naweek sal kan saamsleep nie – ek is hoegenaamd nie sterk genoeg vir so iets nie. Ek *begin* dan net kuier dan loop die mure al in my vas, soos ek in my vorige boek vertel het.

In die tyd van hierdie storie was my broer Jopie nog sterk genoeg om saam met sulke manne te kuier. Gelukkig is dit darem nou al meer as tien jaar wat hy nie meer 'n druppel drank drink nie. Maar daardie tyd kon hy nog redelik goed byhou met van die rowwe manne.

Dit was dié keer toe Jopie, ons vriend Karl Osmers, Johan Clemens en Hannes van der Merwe eenslag so in die somer op Karl se plaas *Cohen* gaan naweek hou het. Daar was nog iemand saam, maar Jopie kan vandag nie meer onthou wie dit was nie. En, soos te verwagte met hierdie kaliber manne (soos hulle in hulle jongdae was), was daar nogal intensief en met oorgawe gekuier.

Nou ja, getrou aan die patroon wat hierdie naweke normaalweg verloop het, was daar nie enige komplikasies of vuurwerke deur die dag of die vroeg-aand se gekuier nie. Nee, dit was mos gewoonlik laataand dat die skielike slim ingewings in een of ander van die ouens se koppe ingespring het – wanneer al die dom en afgeleefde breinselle al afgesterf was van die oormatige alkohol en net die jong en slim breinselle in die koppe oorgebly het.

Wat natuurlik presies so gebeur het op die betrokke aand van ons storie, toe een van die manne skielik met die gedagte kom om *nou dadelik* te gaan springhase jaag met een ou se bakkie.

Nou, ons ouens wat al jare lank op *Cohen* gekuier het weet: as iemand so 'n voorstel maak, bly jy baie beslis in die kamp. Veral as dit Karl self is wat bestuur. En ons het dit geweet sonder dat ons eers die ou en dom breinselle met alkohol moes elimineer. Want, as Karl bestuur, gaan jy laatnag eers by die huis aankom nadat jy bitter ver in die stikdonker moes loop om dit reg te kry.

Want, ry hy met die bakkie, gaan jy iewers in die sand vassit. As hy met sy Land Rover "shortie" ry, gaan iets breek of 'n stok gaan 'n band stukkend steek, en daar is nooit 'n spaarwiel nie. Of Karl gaan op sy eie plaas só verdwaal in daardie bedrieglike sandveld sodat jy naderhand sonder brandstof gaan staan. Maar *altyd* laatnag en *altyd* baie ver van die huis af.

Hannes het dit seker nie geweet nie, maar hy het in een van sy knorrige buie verval en het volstrek geweier om saam te gaan en terstond gaan slaap in die rondawel buitekant die ou huis.. Jopie het dit wel geweet en wou ook nie saamgaan nie. Maar vir hóm wou hulle nie so maklik los nie.

"Nee, jy gaan saam, ons wil geen stories hoor nie," sê Johan, "jy is mos nie 'n sissie nie!"

"Nee," sê Jopie, "ek is nie, maar ek ken julle spul – julle ry soos maniakke in die veld en julle hét al ouens lelik laat seerkry met julle roekelose ryery."

"Nou goed," sê Johan, "dan kan jy bestuur."

Nou ja, nou kan Jopie nie meer uitdraai nie en die klompie is daar weg – behalwe natuurlik Hannes wat mos gaan slaap het.

Maar dit was omtrent 'n gelag en geraas agter op Johan se bakkie daardie aand. Soms selfs 'n gegiggel sodat mens dalk sou kon dink dis 'n paar tiener meisies wat hulle kêrels bespreek terwyl elkeen 'n glasie sjampanje in het. As die ander ouens gedink het dat Jopie nie roekeloos genoeg bestuur nie, het hulle dit in elk geval nie hardop uitgespreek nie.

Baie later die aand kom hulle skielik op 'n vlakvark gat af en is net betyds om die twee groot varke uit die gat te sien kruip en weghol. Dan kom daar 'n klein varkie uit die gat uit en nog een. Teen die tyd dat die derde varkie uit die gat peul, is Jopie al uit die bakkie en vang hom nét toe hy sy kop by die gat uitsteek. Die varkie skreeu soos, wel, 'n *maer vark*, en Jopie trek sy hemp uit en draai dit om die varkie se kop.

Die geskreeu hou dadelik op en Jopie bind die twee agtervoete aanmekaar vas met sy sakdoek en laai hom op die bak. Ewe tevrede lê die varkie nou daar – skielik so mak soos 'n lam. Waarskynlik omdat hy nie kan sien met die hemp om sy kop nie.

Teen die tyd dat die manne by die ou plaashuis aankom, is dit al ná twee in die oggend. Die varkie lê sowaar nog rustig en slaap op die bakkie se bak!

Maar natuurlik is die manne se lus vir kattekwaad nog nie uitgewoed nie, so Jopie stap na die rondawel waar Hannes slaap, trek die komberse saggies weg en sit die varkie (nou sonder die hemp om sy oë en die sakdoek om sy bene) saam met Hannes onder die komberse met sy kop langs Hannes se kop op die kussing. En ewe mak slaap die varkie verder. Nou moet daar eers foto's van die petalje geneem word – Hannes slaap nog salig en weet van niks.

Maar Jopie was nog skaars terug in die ou huis of Hannes kom baie boos daar ingestorm. "Ek slaap nie saam met 'n f**n vark nie!" brom hy en kies die

eerste beste bed in die huis en val daar neer om
verder te slaap.

Die volgende oggend, toe die manne opstaan en
in die rondawel gaan loer, staan die deur nog oop
soos Hannes dit in sy grimmigheid oopgeruk het.
Maar die varkie loop nog ewe op sy gemak in die
rondawel rond! Jopie vang hom maklik en los hom
buite. En sonder om eers een keer om te kyk, kies
die varkie 'n rigting en loop reguit in die bos in.

Dopsteekhoogte

*Hierdie pragtige storie deur oom Hans de Jager van Walvisbaai het op 'n Afrikaanse taal-webwerf verskyn. Ek het baie hard probeer om oom Hans op te spoor om sy toestemming te kry om hierdie storie in my boek te plaas, maar sonder sukses. Ek vermoed oom Hans is dalk nie meer in die lewe nie, en aangesien die webwerf nie enige kopiereg voorbehou op stories deur bydraers geplaas nie, neem ek die vrymoedigheid om oom Hans se storie hier te plaas – met volle erkenning en dank aan hom. Hierdie storie **hoort** in hierdie boek en deur dit te plaas kan ek darem hierdie kostelike (waar) storie vir die nageslag bewaar.*

Die pad Torrabaai toe vanaf Kamanjab loop oor Dopsteekhoogte. Wie die plek die eerste keer so genoem het, weet niemand meer nie maar dit maak ook nie saak nie. Feit is dat hy steil en klipperig is en dat vervloë dae se motors en bakkies gekook het dat hulle bars teen die tyd wat hulle die kruin bereik het. Stop moes jy stop dat die spulletjie eers kon afkoel en dis dan waar die verversings uitgehaal is. Die Robbertses het normaalweg twee Torrabaai togte aangepak. Een wat NET die mans gegaan het en die ander waar vrouens en kinders kon saamgaan.

In hierdie storie is almal by - familie en skoonfamilie, oupas en oumas, ooms en tantes - en dis 'n goeie persentasie van die Outjo distrik. So land die prosessie bo-op Dopsteekhoogte en daar word halt geroep. Daardie tyd het bakkies nie enjinkappe gehad nie - hulle het "bonnets" gehad. Almal maak bonnets oop vir die groot afkoel. Die vrouens en kinders bewonder die gesig en die mans groepeer vir hulle afkoel rondom die eerste bakkie se voorraad brandewyn. (Die Robbertses drink net brandewyn en water en daardie jare ook Lieberstein).

Halfpad deur die karton brandewyn raak die water op. Nou wat nou ? Die naaste boer met water is MYLE terug en so lank kan hulle nie wag nie. Maar 'n Robberts maak 'n plan. Tap die eerste bakkie (Oupa s'n nogal) se verkoeler leeg. Hy't mos klaar afgekoel. Gee aan die volgende bottel. Teen hierdie tyd het die vrouens al begin geduld verloor en was waarskynlik warmer as die verkoeler water. Toe die manne die tweede bakkie se verkoeler wou tap, skree die vrouens blou moord en die manne besluit wyslik om maar liewers op Torrabaai dit wat hulle begin het, voort te sit. Net een klein probleempie - een bakkie staan sonder water. Hoe gaan hulle nou ry ???

Van kampeer kon jy die Robbertses niks vertel nie. Hulle was INGERIG tot in die fynste. Selfs die tradisionele erde "geriefie" vir onder die bed moes saam see toe. Een kleintjie bekla luidkeels sy "ek moet NOU gaan" nood by sy ma en toe "drop" die pennie vir een van die meer nugteres. Die "koos" word opgediep van êrens onder die vrag en doen die rondte. Met een groot familie-poging is die verkoeler volgemaak en die span kon verder Torrabaai toe...................

'n Nagtelike avontuur

Ek het vier jarelange vêr-vriende waarmee ek nog gereeld kontak hou – versprei oor die wêreld. Daan Roux bly in Christchurch in New Zeeland, Neels van Rooyen bly in Marloth park, Piet de Jager in Pretoria en ST Potgieter in Kaapstad. Gelukkig het ek ook 'n paar ou vriende op Tzaneen, wie ek darem gereeld sien.

Aangesien ek *Facebook* gestremd en *WhatsApp* weerstandig is, word kontak met eersgenoemde vier vriende meesal deur middel van e-pos boodskappe en ongereelde telefoonoproepe behou. Net áf en toe sien ons mekaar van aangesig tot aangesig – en dan is dit elke keer 'n vreugde en 'n kosbare tydjie om te koester in die lang tye tussen besoeke.

Van bogenoemde vier vêr-vriende, ken ek en Piet de Jager mekaar die langste – dit is vanjaar 63 jaar dat ons al boesemvriende is. En ons sien mekaar darem so effens meer as wat ek die ander drie sien. Soos in April vanjaar, toe ek en Mariette vir 'n naweek by hulle gekuier het.

Die vyftigjarige reünie van ons 1970 matriekklas is aanvanklik gereël vir iewers in laasjaar. Die Covid-19 inperkings het veroorsaak dat die datum twee keer uitgestel is in verlede jaar, en uiteindelik is die datum toe vasgemaak in April vanjaar.

Ek en Mariette het vooraf al besluit ons gaan nie reünie toe nie. Sy omdat sy, behalwe vir Piet en

Mollie, natuurlik niemand daar sou ken nie. En ek, wel, eerstens het ek 'n baie sterk vermoede gehad dat daar net 'n spul oumense op die reünie sou wees, en wat gesels ek nou met so 'n klomp pensionarisse? (Hoekom ek dit vermoed het? Net maar omdat ek gewoonlik 'n baie goeie aanvoeling vir hierdie tipe van ding het – iets soos 'n ekstra sintuig miskien).

Maar die tweede en eintlike rede was dat ek doodeenvoudig net nie daarvan hou om saam met 'n klomp mense te kuier nie – ek is nou maar eenmaal nie 'n trop-dier nie. Ek sal liewer op verskillende geleenthede met elkeen van daardie mense een-een gesin op 'n slag kuier. Ek het byvoorbeeld glad nie 'n 21ste, 40ste, 50ste of 60ste verjaardag partytjie gehou nie, iets wat meeste mense mos doen – ek hou net nie van sulke 'tedoes' nie.

Nou is dit egter nie net ek wat vir Piet al vir 63 jaar lank ken nie, hy ken my al minstens net so lank. Daarom het hy sommer vooraf geweet wat ek oor die reünie sou besluit en my met 'n slim plannetjie daar gekry – ek en Mariette moes die naweek by hulle kuier en dan sou ons saam reünie toe gaan.

Dit het ons uiteindelik van plan laat verander – hy het geweet dat ons nie nee sou sê vir 'n kuier by hulle nie. Daarvoor is ons darem te lank al boesemvriende. So het ons op een naweek terselfdertyd baie uitgesien na 'n kuier saam met

Piet en Mollie én opgesien daarna om reünie toe te gaan.

Maar, soos dit baie keer gaan met 'n geleentheid waarna jy nie uitsien nie, het beide ek en Mariette die reünie rêrig baie geniet. Om van die kuier by Piet-hulle nie eers te praat nie. En, as ons nie gegaan het nie, sou ek dalk nie hierdie storie hier geskryf het nie.

Een van my en Piet se groot skoolmaats op hoërskool, Addie Eastman en sy vrou Elsabé, was ook op die reünie. En om die kampvuur die Saterdagmiddag, het ons drie skoolvrinne weer oor hierdie avontuur van my en Piet gesels, en het die onthou weer in my kop teruggespring. Dis toe dat ek besluit het om hierdie storie ook in hierdie boek te skryf.

Ek meen te onthou dit was in Maart 1969, toe ek, Piet en Addie in standerd 9 was, dat ons besluit het dat Piet en ek met fietse vir Addie sou gaan kuier een Saterdagoggend. Addie bly op *Deeside* – hulle paadjie draai van die Letsitele na Eiland vakansieoord pad af. Dis omtrent 52 kilometer van my huis af – 47 kilometer teerpad en dan omtrent 5 kilometer grondpaadjie.

Van hulle huis af sal Addie se pa ons dan met die motor vat tot op Eiland (so 27 kilometer van hulle huis af), waar ons drie dan sal kuier en die aand sal slaap. Dan sal sy pa ons weer Sondagoggend vroeg kom haal sodat ons met die fietse kon terugry huis toe.

Omdat ons die Saterdagoggend as dit lig word wil begin ry, kom slaap Piet die Vrydagaand by ons huis op *Doornhoek*. Nadat ons ons paar goedjies vir die naweek in ons knapsakke ("kitbags") gepak het, gaan ons vroeg bed toe, want ons moet mos more oggend vroeg roer.

Maar ons slaap nie dadelik nie, of eintlik, ék slaap nie dadelik nie, want die opgewondenheid laat my aanhou praat – ek is mos maar van kleins af 'n nagmens. Piet raak kort-kort weg na droomland, maar dan praat ek weer en kom hy so effens by na diékant van droomland toe.

Dit was seker so omtrent kwart oor tien die Vrydagaand toe Piet, waarskynlik uit moedeloosheid omdat ek aanhou praat sodat hy nie kan slaap nie, skielik sê: "Hoekom ry ons nie nou nie?" Miskien wou hy my dalk só oorreed om tog net vervlaks ook te slaap!

"Dis 'n uitstekende plan," sê ek, sonder om aan die implikasies te dink, en staan sommer op en begin aantrek.

Komplikasies, watter komplikasies? Wel, in die eerste plek het nie een van ons twee ligte op ons fietse gehad nie – trouens, ons het nie eers 'n flits gehad nie. Ook het ek natuurlik nie aan die tydfaktor gedink nie, hoe lank dit sou duur om 52 kilometer per fiets af te trap en watter tyd van die nag ons by

Addie sou aankom nie – nie een van ons twee het al so 'n lang ent per fiets gery nie, en onthou, ons fietse het ook nie ratte of sulke fênsierige toerusting gehad nie. Elkeen het net 'n rakkie agterop gehad (ons het dit 'n "carrier" genoem) waarop ons ons knapsakke kon vasmaak.

Maar omdat ons ons nie moeg gemaak het om aan al hierdie komplikasies te dink nie, trek ons omtrent so halfelf die Vrydagnag weg vanaf ons huis op *Doornhoek*. Daar is darem 'n effense maantjie sodat ons so min of meer kan sien waar om te ry.

Wanneer ons op die Letsitele pad verby die inryteater ry, is ons bly om te sien dat ons nie die enigste twee is wat nog wakker is nie – die laat vertoning is nog aan die gang. Maar skaars twintig minute later was ons nie meer so bly nie, want nét toe ons aan die bokant van die baie steil Van Velden bult kom, en teen 'n hengse spoed teen die helling af begin voortsnel, begin die karre van agter af aankom. Die inry se laat vertoning het uitgekom!

Onmiddellik raak die speletjie erg gevaarlik, want nou moet ons noodgedwonge op die grond skouer ry teen 'n geweldige spoed – om rem te trap sou fataal wees. En daardie grond skouer is deur erosie so verniel dat dit nie sinkplaat gevorm het nie, nee, eerder sinkplaat op steroïdes (alhoewel ons natuurlik nie toe geweet het wat die woord beteken nie). Want dit was eerder diep slote as sinkplaat.

Ek, en ek vermoed Piet ook, het 'n paar keer amper-amper beheer verloor oor my fiets, soos ek teen die steilte af teen 'n geweldige spoed bokspring. En as een van ons twee teen daardie spoed sou val, sou ons waarskynlik baie erg seergekry het of ons dalk dood geval het. Die moontlikheid was ook nie uitgesluit dat ons dalk voor 'n kar kon beland het met die val-slag nie, omdat ons baie naby aan die teer moes ry waar die slote net effens minder diep was. En omdat ons nie ligte aan die fietse gehad het nie, sou hulle ons beswaarlik kon sien.

Deur die genade van Bo kom ons darem naderhand aan die onderpunt van die steil bult uit – al twee heel en met al ons nerwe nog in plek. En natuurlik, net toe ons onder kom is al die inry karre ook verby. Nou kan ons darem weer op die teer ry en hoef net áf en toe op die grond skouer te gaan wanneer 'n kar van agter af verbykom. Daardie tyd was daar gelukkig net enkele karre op die pad so laat in die nag.

Nou kom daar 'n lang tyd waarin ons, elkeen teen sy eie pas, in eie gedagtes verlore, amper in 'n tipe beswyming net meganies voort-trap in die effense lig van die sekelmaantjie. Piet, wat seker heelwat fikser was as ek en met meer stamina, raak naderhand heeltemal weg voor my. Hy was altyd die meer fisieke tipe – eerste span rugby, 400 meter atleet en so, terwyl ek meer die derde span rugbyspeler, dromerige, boekwurm tipe was – maar darem altyd gereed vir 'n avontuur.

Dus vang ek hom eers weer op waar hy op die brug by Letsitele vir my wag – hy het seker 'n hele halfuur lank op my gewag. Hiervandaan ry ons weer saam, dit is seker nog omtrent 22 kilometer na Addie se huis toe. Nadat ons 'n hele ent gery het, verdwyn die sekelmaantjie skielik agter die wolke, wat so ongemerk bokant ons saamgepak het. Nou is dit sommer pikdonker, maar omdat ons oë al redelik aangepas het in die donker, kan ons darem net-net die kant van die teerpad uitmaak.

"Ek hoop nie dit kom reën nie," sê ek vir Piet, wie ek darem effens in die donker kan uitmaak.

"Nee, wat," sê Piet, "Addie het vir my gesê hier by hulle reën dit nooit as daar nie weerligte en donderweer is nie, so ons hoef ons seker darem nie dáároor te bekommer nie."

Nou trap ons weer meganies voort. Ons raak al moeg as gevolg van die fisieke inspanning en die tekort aan slaap. Gelukkig bly Piet darem nou naby my, sodat ons darem af en toe 'n paar woorde kan wissel wanneer ons te vaak raak.

Nadat ons 'n hele lang ruk so voortgery het, sê Piet skielik: "Ons beter kyk of ons nie Addie se afdraaipad bordjie kan sien nie, ons kan dit maklik mis ry in die donker."

En dit is inderdaad nou baie donker. Waar ons hier en daar 'n bordjie langs die pad kan uitmaak, stop ons eers om van amper teenaan die bordjie te probeer uitmaak wat daar staan, maar nêrens sien ons 'n *Deeside* bordjie nie.

Dan, seker omtrent halfdrie die nag, kom ons skielik by 'n bees hek met 'n staal-rooster oor die pad, met hoë heinings weerskante.

"O magtig," sê Piet, "hier is ons dan al by die Hans Merensky natuurreservaat se heining, ons het by Addie se paadjie verby gery!"

Nie net verby nie, maar sommer 20 kilometer verby! En dit het nou sommer baie donker geword.

"Wat nou," sê ek, "gaan ons nou al die pad terugry?" Ek voel skielik oneindig moeg. Maar dan word die besluit uit ons hande geneem, want die volgende oomblik sak daar sonder waarskuwing 'n hewige reënbui oor ons uit. Byna dadelik is ons deurnat.

"Addie het nie geweet wat hy sê toe hy gesê het dit reën nie by hulle sonder dat daar donderweer en weerlig is nie," sê Piet vies. "Kom ons maak gou en ry maar tot op Eiland, dan kan ons daar skuiling soek."

Ons ry so vinnig as wat ons moeë lywe dit toelaat die 3 kilometer tot by die Eiland vakansieoord. Daar is niemand by die hek nie, en ons ry in. Dan sien ons die groot ablusieblok en ry sommer met fietse en al binne-in, tot in een van die groot storthokkies. Ons sit ons fietse neer, haal ons knapsakke uit en droog ons af met ons handdoeke. Dan trek ons elkeen ons enigste stel droë klere aan. Al die ligte in die ablusieblok is aan.

"Ek is honger," sê Piet, "wat het ons om te eet?"

"Ek ook," sê ek, en kyk in my knapsak. Al wat ons het om te eet is 'n blikkie "bullybeef" en 'n blikkie kondensmelk. Ons maak eersgenoemde oop en Piet druk twee gaatjies in die kondensmelkblik met sy knipmes. En in 'n japtrap is albei blikkies opgeëet!

Nou probeer ons om elkeen 'n lêplekkie op die harde stort vloer te kry om te kan slaap, met ons koppe op ons knapsakke. Maar alhoewel ons al twee doodmoeg is, kry ons nie maklik geslaap op die klipharde vloer en met die verblindende helder ligte in die ablusieblok nie. Sit hulle dan nooit die ligte af nie?

Maar uiteindelik raak ons darem al twee aan die slaap, egter nie vir baie lank nie. Want dit was nog donker buite toe daar 'n Eiland werker inkom, baie verbaas om ons daar te kry.

"Julle mag nie hier slaap nie," sê hy "julle moet nou dadelik hier uit."

Nou ja, ons wou in elk geval vroeg roer, so ons begin sommer dadelik ons goedjies bymekaar maak. Die volgende oomblik sit hy al die ligte van die ablusieblok af en aangesien daar nie vensters in daardie gedeelte is nie, is dit onmiddellik gitswart donker, só dat ons nie eers 'n hand voor ons oë kan sien nie! Die blikslaer! Eers is die ligte heelnag so

skerp aan dat ons nie kan slaap nie, en nou dat ons
moet opstaan en ons goedjies moet inpak is dit so
donker dat ons nie 'n ding kan sien nie!

Ons voel maar so goed ons kan met ons hande
op die vloer rond totdat ons dink dat ons alles het,
en stoot ons fietse so voel-voel in die stikdonker na
buite. Buite begin die lug darem so effe verkleur om
te wys dat die dag nou enige oomblik gaan breek.

Ons klim op ons fietse en ry uit die vakansieoord
uit, terug met die pad Letsitele toe. Omtrent 23
kilometer verder kan ons in die daglig die *Deeside*
bord nou maklik herken en ons trap die vyf kilometer
grondpaadjie in 'n japtrap af. En toe ons by Addie se
huis aankom, is hy nog vas aan die slaap!

Om 'n bok vir iemand anders te skiet

'n Ou moet maar versigtig wees om sommer "ja" te sê as iemand anders jou vra om vir hom 'n bok te skiet. Veral nog as jou van nie met -heimer eindig nie. (soos byvoorbeeld in Oppen-heimer). En as jy my nie wil glo nie, gaan vra maar vir my vriend André le Grange – hy behoort jou te kan vertel.

So 'n hele klomp jare gelede werk ek en André nog beide by die Tzaneen Munisipaliteit – albei in junior poste. Nou sal mense wat al by so 'n plek gewerk het, jou kan vertel dat die Munisipaliteite uitstekende voordele aan hulle werknemers bied, maar in daardie jare was die salarisse maar baie knap – veral nadat al die bydraes vir bogenoemde voordele afgetrek was. En ongelukkig kan jy nie met voordele vir 'n jag betaal nie.

So hoe maak jy dan as jy jou lus vir jag nie met die mees ysere wil kan bedwing nie, maar daar niks geld te spare is om mee te kan gaan jag nie? Wel, dan gaan jag jy maar net een rooibok ooitjie – daardie tyd darem nog bekostigbaar. En dis toe net wat my en André laat besluit om op *Stubs & Mons*, die plaas wat toe nog aan oorle Neels van der Merwe behoort het, 'n jag te boek.

Op daardie stadium het Henk Osmers (my vriend Karl se broer) die jagte op *Stubs & Mons* vir Willem hanteer – veral as daar net twee ouens is wat so min bokke wil jag. Ons nooi my ander vriend Nic

Fourie ook saam – hy wil nie jag nie (hy het mos sy eie twee plase, *Barend* en *Piet* waar hy kon jag as hy wou) maar gaan net saam vir die kuier.

André se sommetjies vertel hom dat hy (net-net) 'n rooibokooi sal kan bekostig, my sommetjies sê, as ek vermenigvuldig en deel en optel en aftrek, dat ek dalk 'n koedoekoei sal kan skiet – dis nou as ek die duik in my oortrokke bankrekening laat sak tot so 'n millimeter van die bodem af.

Willem se pryse vir sy rooibok ramme was, as ek reg kan onthou, seker vier keer die prys van die ooie, en dieselfde verhouding tussen koedoebulle en koeie. So daar was nie 'n manier wat André 'n rooibokram of ek 'n koedoebul sou kon skiet nie – ons wiskunde was net nie gevorderd genoeg om daardie somme te laat klop nie.

So 'n week voor die tyd vra een van André se swart kollegas hom om vir hom 'n rooibokram te skiet. André sê: "Laat ek eerder vir jou 'n rooibokooi skiet – ek kan selfs vir jou drie skiet as jy wil, vir minder as 'n ram se prys."

"Nee," sê die kollega, dit móét 'n ram wees, ek wil nie 'n ooi of ooie hê nie, ek betaal vir jou daardie duurder prys."

Nou ja, nou kan André darem twee bokke skiet - dit verdubbel sy jag plesier!

Stubs & Mons is 'n baie lekker plaas om op te jag – die baie rante op gedeeltes van die plaas maak dat mens darem bietjie verder kan sien as wat jy normaalweg in die bos kan sien. En dit lyk of ons dit gaan nodig hê, want die rooibokke is onnatuurlik wild. "Daar is verseker 'n jagluiperd of twee op die plaas," is Henk se mening toe ons hom daarvan vertel, "as rooibokke so wild is, beteken dit net een ding en dit is dat hulle gereeld gejaag word deur jagluiperds."

Ek en André jag die hele Vrydag sonder sukses – sien net hier en daar skimme van Ferarri rooibokke. Die aand om die kampvuur kuier en eet ons baie lekker saam met Nic en Henk. En, soos gewoonlik, word daar baie stories vertel en lekker gelag. Henk veral beskik oor 'n hele arsenaal stories, sommige wat ek hoop om op 'n volgende jag se kampvuur, weer by hom uit te hoor om in 'n boek te vertel.

Die Saterdagoggend is André weer uit na die rooibokke se boerplek, en ek jag in 'n oostelike rigting na een van die vele rantjies toe. En sommer by die eerste rant al, nie baie ver van die kamp af nie, sien ek 'n troppie koedoes toe ek versigtig oor die top loer. Dit lyk of dit almal koeie is.

Die koedoes is omtrent 100 meter van my af, en wanneer een van die koeie mooi plank dwars draai, lê ek aan met die kruishaar mooi op die hart-long area. Dan, net wanneer ek die sneller begin trek, vang ek uit die hoek van my oog deur die teleskoop iets blink op die kop van die koei wat net regs staan vanaf die een waarna ek korrel.

Ek stop my vinger dadelik, en kyk mooi na hierdie koei. Dis dan 'n jong bulletjie, wie se klein horinkies so in die sonlig blink! Ek word yskoud en bring die teleskoop terug na die koei wat ek amper geskiet het en kyk mooi na die kop – ja, daar is ook horinkies! Amper het ek 'n baie duur fout gemaak! Ek bewe sommer so groot as wat ek is wanneer ek weer teen die rantjie afklim.

Toe ek kort voor twaalfuur by die kamp inloop, kom André ook net daar aangeloop. Ek sien onmiddellik dat daar fout is – hy lyk nie vaal nie, eerder grys in die gesig. "Wat is fout met jou?" vra ek dadelik.

"Jy wil nie weet nie, sê André, "daardie ram wat ek vir my kollega moes skiet, ek het hom gekwes! Ek het die spoorsnyer kom haal en ons het die hele oggend gesoek, maar het naderhand die spoor heeltemal verloor."

Arme André, soos ek in die eerste sin van hierdie storie gesê het, moet jy nie sommer vir 'n ander ou ja sê as hy jou vra om vir hom 'n bok te skiet nie. André het ja gesê, en nou moet hy hierdie duur rooibokram, wat hy nie eers vir homself kon bekostig nie, betaal sonder om 'n stukkie vleis huis toe te vat! Daardie kollega van hom gaan mos nie die kwes-bok betaal nie!

Waar op die bok het jy gekorrel?

In sy boek "*Staanplekkies langs my geweerpad*" kry Dr. Lucas Potgieter 'n vraag van een van sy Namibiese lesers: "Wat is die drie belangrikste vereistes vir 'n goeie jagter?" Dit is 'n moeilike vraag om te beantwoord, maar na baie kopkrap gee hy die volgende drie vereistes waaraan 'n jagter moet voldoen voordat hy as 'n *goeie* jagter kan kwalifiseer:

Eerstens moet die jagter die regte (geskikte) vuurwapen kies vir die dier wat hy wil jag; tweedens moet hy vertroud wees met die vuurwapen en bekwaam wees daarmee; en derdens moet hy vir die organe binne in die bok mik en nie vir 'n kolletjie op die blad nie. Dan sê hy: "Wie hierdie drie vereistes nakom, wys trots sy trofee of eet sy biltong."

Nou, geen jagter sal stry dat dit drie belangrike vereistes is om te verseker dat jy jou bok sal kan doodskiet nie. Maar dat dit die drie *belangrikste* vereistes vir 'n *goeie jagter* is, kan ek darem nie mee saamstem nie.

Na my mening sal 'n uitstekende skut met die beste kaliber vir die doel en wat weet waar op die bok om te korrel, niks kan regkry as hy nie vooraf eers 'n bok kan opspoor nie. Met ander woorde, as jy al drie bogenoemde faktore nakom en jy kan nie goed jag nie, gaan jy definitief nie eers by 'n bok uitkom om al jou voortreflike geweer eienskappe te bewys nie.

Ek sou dink 'n goeie jagter behoort tog in die eerste plek 'n grondige kennis van die wild wat hy wil jag en die terrein waarin hy gaan jag, sowel as 'n grondige kennis en ondervinding van jag tegniek te hê voordat hy as sodanig kan kwalifiseer.

Of kom ons stel dit bietjie anders: Ek sal iemand wat nog nooit gejag het nie kan vertel watter geweer geskik sal wees om 'n sekere dier mee dood te kan skiet. Dan kan ek hom laat oefen met daardie geweer totdat hy baie goed kan skiet met die geweer. Derdens kan ek hom 'n skoot-plasing video wys wat hom presies sal wys waar om te korrel op die bok om die organe binne in die bok te tref. As ek hom dan by 'n bok kan uitkry, sal hy daardie bok heelwaarskynlik dood skiet.

Maak dit hom dan 'n goeie jagter? Beslis nie!

En vir die van julle wat gedink het hierdie storie is om 'n befaamde vuurwapen-kenner, ervare grootwild jagter en bekende skrywer soos Dr. Potgieter verkeerd te bewys en mý antwoord op bogenoemde vraag as die korrekte hier te skryf, nee, dis nie wat ek wil doen nie. In 'n latere boek van Dr. Potgieter (*'n Kooltjie uit my kampvuur*) in die hoofstuk "Jagters en slagters", beskryf hy in elk geval 'n goeie jagter omtrent net soos ek dit hieronder doen.

Vir my is 'n goeie jagter, behalwe vir wat ek in 'n vorige paragraaf gesê het, ook in die eerste plek iemand wat baie respek en liefde koester vir die wild wat hy wil jag en vir die natuur waarin hy bevoorreg is om te mag jag. Iemand wat nie hierdie respek en liefde het nie, moet 'n mens eintlik nie 'n jagter noem nie – miskien 'n skieter.

Maar daar is een ding wat 'n goeie, of kom ons sê dan liewer 'n *ervare* jagter behoort te doen en wat ons almal dikwels vergeet of om een of ander rede nalaat, en dit is om gedurig ons kennis en ervaring met jonger of minder ervare jagters te deel. Mens kan amper sê dis 'n ervare jagter se morele plig om gedurig jonger en minder ervare jagters toe te rus met die kennis en ervaring wat ons deur die jare opgedoen het. Maar nou neem ons partykeer net eenvoudig aan dat hierdie jagters ook alles weet wat by ons al tweede natuur is, en dan neem ons hulle soms sowaar nog kwalik ook vir hulle foute.

Twee voorbeelde wat ek hier kan noem is byvoorbeeld dat ons partykeer sommer aanneem dat 'n onervare jagter wat byvoorbeeld in die stad grootgeword het, die verskil tussen 'n blesbok en 'n tsessebe sal ken, of tussen 'n koedoekoei en 'n njala ooi. Daar is al duur foute deur onervare jagters gemaak as gevolg van bogenoemde. As die ervare jagters wat saam gejag het, dalk net vooraf gesê het: "Jong, jy ken seker die verskil tussen 'n tsessebe en 'n blesbok?", kon so 'n jagter dalk R40000 gespaar het! ('n Ware geval)

Dan is die tweede ding wat ons sommer aanneem, dat 'n onervare jagter (veral klein jagtertjies wat hulle eerste bok wil skiet) sommer sal weet om na die organe binne in die bok te skiet, en nie na 'n kolletjie op die bok se blad nie. (Soos Dr. Potgieter tereg ook genoem het.)

So 'n klompie jare gelede hou ons 'n Junior 2 jagkursus op my vriend Daan Roux se plaas *Kondowe*. Soos in die eerste storie in hierdie boek verduidelik, is die Junior 2 kursus dié kursus waar die junior jagtertjies gevat word om hulle eerste rooibok te skiet, nadat hulle tevore eers al die teorie en skietoefeninge op 'n Junior 1 kursus deurloop het. Tydens die skietoefeninge wat op die Junior 1 kursus gedoen word, word daar gewoonlik na 'n volgrootte rooibok teiken geskiet. Op die teiken is dan die tellings aangebring met lyne wat die verskillende areas van vitale organe aandui as die rooibok plankdwars sou staan.

So is byvoorbeeld 'n hart-en long skoot vyf punte werd, 'n long skoot drie punte en 'n pens skoot minus 5 punte. Hierdie gebiede word natuurlik op die bok geteken in 'n dun pen lyn wat nie deur die teleskoop sigbaar is nie. Eers wanneer die skut by die teiken kom, kan hy sien hoeveel punte elkeen van sy skote tel. En dan is so 'n jong jagtertjie natuurlik baie in sy noppies as een of elkeen van sy skote vyf punte tel – dis natuurlik ook dan waar hy die volgende keer sal probeer korrel.

In elk geval, om terug te kom na die Junior 2 kursus op Daan se plaas. Een van die laaities skiet na 'n rooibok wat skuins na hom toe staan en kyk. Nadat hulle al 'n hele ruk op die spoor geloop het en dit duidelik word dat die rooibok gekwes is, vra die instrukteur vir die kursusganger: "Waar op die bok het jy gekorrel?"

"Oom, ek het presies op die vyf geskiet!" laat die outjie selfversekerd hoor. Hy het duidelik vergeet van die skoot-plasing video waar hy geleer het om na die organe binne in die bok te skiet, en net gedink aan die rooibok teiken op die skietbaan!

En dit bring my by die *eintlike* storie wat ek hier wil vertel. En dit is hoe ek (en die jong jagtertjie se pa) vergeet het om seker te maak dat die outjie weet om na die organe binne in die bok te skiet, en nie na 'n kolletjie op die blad nie.

Die jong jagtertjie was die agtjarige Louis Joubert (of Boeta – om hom te onderskei) en die pa ook Louis Joubert (soos ook sý pa!), onderskeidelik my broer Jopie se kleinseun en skoonseun.

Boeta kan al baie goed skiet, sy pa laat hom en sy sussie Luné (10 jaar oud) gereeld oefen met die.22, maar ook soms met Louis se 7x57. Hy het al 'n hele paar duiwe en 'n paar fisante en tarentale met die.22 geskiet, maar is ook heel gemaklik met die 7x57. En Louis het vir Boeta belowe dat hy in Julie vanjaar, toe ons vir 10 dae lank op Oporto gejag het, 'n rooibok kon skiet.

Want dit was duidelik dat Boeta gereed was om sy eerste rooibok te skiet. Behalwe vir een klein tegniese puntjie, en dit is dat nie ek óf sy pa óf sy oupa eers gedink het daaraan om vir hom te vra: "Boeta, weet jy waar op die bok om te korrel as dit nie plank-dwars vir jou staan en kyk nie?"

Die gevolg was dat Boeta op omtrent 100 meter 'n perfekte skoot skiet op 'n rooibok wat baie skuins vir ons staan en kyk – maar ongelukkig op die verkeerde plek. Toe die rooibok skuins en sommer hoog wegspring, is dit duidelik dat dit raak was.

"My eerste bok!" juig die outjie dit uit, maar dit was effens te vroeg om te jubel. Want na 'n rukkie op die spoor, begin 'n nare vermoede by my posvat.

"Waar op die bok het jy gekorrel?" vra ek hom.

"Oom, ek het presies op die blad gekorrel," sê hy.

Nou ja, vanwaar ons gestaan het toe hy geskiet het, en die skuins hoek waarteen die rooibok gestaan het, beteken dit dat dit dan verseker 'n pens skoot was. En in die klipperige gedeelte waar die bok gestaan het en omdat ons nie eers 'n enkele bloed-kolletjie of pensmis water kon kry nie, moes ons maar naderhand moed opgee en sy oupa moes 'n kwes-bok betaal. (Oupa het vooraf belowe om sy eerste bok te betaal). En dit was 'n baie teleurgestelde jagtertjie wat sonder 'n bok moes terugry na die plaashuis.

By die huis aangekom, doen ek toe wat ek eintlik vóór die jag moes gedoen het. Ek gaan haal 'n leë toilet rolletjie en gee dit, saam met twee pyp-skoonmakers en 'n stuk "prestik" vir Boeta se ouma Tina, en laat haar 'n 3D rooibok daarvan maak. Een pyp-skoonmaker word 'n entjie van die voorpunt af deur die toilet rolletjie gedruk, deur 'n stuk "prestik" in die vorm van 'n hart in die middel van die rolletjie, en die ander punt weer deur die rolletjie aan die ander kant na onder gedruk en afgebuig om die twee voorbene te vorm. Net so die twee agterbene deur die agterkant van die rolletjie met die ander pyp skoonmaker. Nou vorm Ouma 'n nek en kop met die "prestik" en daar staan die 3D rooibok!

Nou draai ek die "bok" teen verskillende hoeke en elke keer moet Boeta en Luné wys waar op die bok hulle moet korrel om die hart binne in die bok raak te skiet. Na 'n paar keer se kleitrappery van hulle kant, leer ek hulle 'n geheim: "Kyk net vir die twee voorbene," sê ek, "kry jou korrel presies tussen die twee voorbene, en bring dan jou korrel reguit op tot in die middel van die onderste helfte van die bok. Maak nie saak hoe skuins die bok staan nie, as jy dit doen, behoort jy altyd die hart binne in die bok raak te skiet."

Nou kry hulle dit feitlik elke keer reg, maar as ek die bok té skuins weg van hulle af draai, keer ek hulle en wys hulle dat jy dan glad nie mag skiet nie, want dan gaan jy die pens stukkend skiet. Na 'n rukkie kan ek sien dat hulle voortaan altyd reg sal korrel, want elke keer "skiet" hulle die hart raak en hulle vertel my ook telkens dat hulle nie kan skiet as ek die bok te skuins draai nie.

Toe sussie Luné later in die week na háár rooibok skiet, het sy bogenoemde baie mooi onthou en na die hart gemik en nie na 'n kolletjie op die blad nie. Maar ai tog, weer het ons vergeet hoe min 'n jong jagtertjie weet en hoeveel sy of hy nog moet leer. Want sy het nooit eers daaraan gedink dat 'n 7x57 koeël nie deur 'n dikkerige tak (wat sy verseker deur die teleskoop moes kon sien) kan gaan nie, en genoemde tak mors-af geskiet. En 'n dunner takkie agter die dikke ook. Gelukkig het dié twee takke veroorsaak dat die koeël nie by die rooibok kon uitkom om dit te kwes nie. En ek het weereens besef hoe waardevol die jagters-kursusse wat ons vir die junior jagters aanbied, vir hulle leer — want op so 'n kursus leer hulle al hierdie dinge. Ek glo dat Luné en Boeta seker ook later op so 'n kursus sal gaan.

Daarom, asseblief, al julle ervare jagters – kom ons deel ons kennis met die jong en onervare jagters. Probeer dink wat verkeerd kan gaan en probeer seker maak dat hierdie jagters weet van hierdie moontlike probleme. Ek vra dit nie net namens myself nie, maar ook namens al die teleurgestelde klein jagtertjies wat foute gemaak het wat ons dalk kon verhoed het.

Vier kano's

Of dalk kon die titel van hierdie storie wees: *Die dag toe my ma amper al haar seuns op een slag verloor het.* Maar hoe pas ek nou so 'n lang titel in my Inhoudsopgawe in? So: "Vier kano's" sal die titel moet bly.

Ek weet nie of Ma se seuns (dis nou ons drie) die stoutste seuns van die omgewing was nie, maar ek reken ons was seker stout genoeg. Dis nou stout genoeg om waarskynlik vir 'n goeie klompie van my ma se grys hare verantwoordelik te wees, maar net-net nié stout genoeg om as jeugmisdadigers geklassifiseer te word nie. (Alhoewel ek nie weet of ons dit sou maak om in vandag se lewe daardie klassifikasie vry te spring nie). En natuurlik het ons 'n gesonde hoeveelheid slae gekry vir ons stoutighede, darem net wanneer ons die slag uitgevang is daarmee.

En ja, vanselfsprekend was 'n groot deel van ons stoutighede baie gevaarlik – watter Boerseun het dan nie in ons kinderjare gesmag na avontuur nie, en hoe gevaarliker die avontuur, hoe meer het dit ons soos magnete aangetrek.

En nou sou ek eintlik graag wou vertel het dat hierdie storie in ons onhebbelike jeugjare plaasgevind het, maar helaas – dit sou nie die waarheid wees nie. Want in hierdie storie was al my ma se kinders al getroud, en het party al self kinders gehad. En ons het die twee swaers ook by getrek om ons driemanskap aan te vul, sodat ons vyf "seuns" was wat hierdie avontuur aangepak het.

Ja, sê maar jy dink ons moes op daardie ouderdom van beter geweet het as om so 'n gevaarlike avontuur aan te pak, maar die feit is dat ons glad nie eers vermoed het dat dit buitengewoon gevaarlik sou wees nie. Net maar so 'n effense gedagte gehad dat daar dalk 'n element van gevaar kon wees, maar dit was een van die aanloklikhede van die onderneming. Seuns word mos nooit groot nie, sê die vroulike geslag mos aljimmers.

Die ding het só gekom: kleinboet Jopie en sy toenmalige vennoot by hulle besigheid *Electronica*, Jan Cilliers, het op 'n slag besluit om met kano's in die Olifantsrivier af te vaar vanaf Penge (Burgersfort) tot by die Manutza Spa vakansieoord op die pad tussen Hoedspruit en die Strijdom tonnel – 'n afstand van ongeveer 60 kilometer rivier-langs. (Kyk maar op Google Earth waar die plekke is).

Hulle het twee dae lank aan hierdie stuk rivier gevaar, deur asemrowende natuur en op plekke deur loodregte kranse tot op die rivieroewer, waar seker min mense nog was. Hulle het een nag langs die rivier op so 'n plek geslaap, waar die enigste toegang tot hierdie oop kolletjie rivier-langs was.

Die namiddag van die tweede dag kom hulle toe by 'n skerp draai in die rivier, ongeveer 10 kilometer vanaf hulle beoogde eindpunt. Hulle was teen hierdie tyd al naby die einde van hulle kragte – nie een van die twee was immers gereelde roeiers nie.

Op hierdie draai (wat hulle toe *Wasklip-draai* noem), is daar swart vrouens besig om klere te was en dus besef hulle dat hulle daar uit die rivier sou kon kom en 'n geleentheid probeer soek na die eindpunt, waar hulle voertuig gestaan het. Wat gelukkig vir hulle toe so uitgewerk het.

En dit bring my by ons storie. Vir Jopie het hierdie laaste 10 kilometer vanaf *Wasklip-draai* tot by Manutza Spa tussen hom en sy ideaal om die hele 60 kilometer van die Olifantsrivier deur te vaar, gestaan. Daarom het hy, toe ons twee swaers een Desember vakansie kom kuier het, ons ander vier omgepraat om saam met hom hierdie laaste 10 kilometer te vaar. Die swaers synde nou oorle swaer Kobus Oosthuizen (daardie tyd nog my sus Hannelie se man) en swaer Theo McDonald (my suster Christa se man).

Aangesien nie een van ons natuurlik 'n eie kano besit het nie, kry Jopie deur sy vennoot Jan vir ons drie kano's geleen – een is 'n dubbelkano wat die twee swaers onderneem om te beman. Ouboet Gerhard het by een van sy vriende se pa 'n kano geleen gekry. Dus kry ons drie broers elkeen ons eie (geleende) kano.

So ry ons vyf toe met twee voertuie, dis nou my ma se Isuzu bakkie, waarop ons die vier kano's gelaai het, en Jopie se vol-kap Land Rover 110. Eers ry ons tot by *Wasklip-draai* om die kano's af te laai, en terwyl ek, Ouboet en Kobus by die kano's waghou, ry Jopie en Theo met die twee voertuie tot by Manutza, waar hulle my ma se bakkie los. (Sodat ons die kano's weer daarop kon laai wanneer ons daar aanland.) Toe ry hulle met die Land Rover terug tot by ons. Of nie eintlik tot bý ons nie, maar net tot by die naaste statte, waar hulle die Land Rover daar by een inwoner los en af loop tot by ons.

Nou kom Jopie en Theo ook by ons aansluit waar ons intussen in die stil kuil bokant *Wasklip-draai* solank bietjie die roei-tegniek onder die knie probeer kry het. So roei ons almal vir 'n rukkie lank in die stil kuil totdat ons almal voel dat ons nou min of meer gereed is om die avontuur te begin. Intussen het daar al 'n klein skaretjie piekaniens op die wal saamgedrom wat baie geïnteresseerd lyk in ons manewales.

Naderhand sê Jopie, wat natuurlik al gekonfyt is in die roeiery: "Reg, Is julle gereed om te begin?"

"Ja, laat ons begin," sê ons ander, alhoewel ons nog nie heeltemal genoeg vertroue in ons roei-vermoëns voel nie – waar die rivier uit die kuil uit loop lyk die spoed nogal onrusbarend vinnig. Dit loop tussen twee rotsblokke deur en ons kan nie juis sien wat ágter die rotsblokke aangaan nie.

Wanneer hulle sien dat Jopie deur hierdie rotsblokke begin roei, storm al die piekaniens 'n entjie rivier af en gaan sit op 'n groot ronde rots om vandaar af lekker te kan kyk. Ons het nie geweet dat hulle iets weet wat ons nié weet nie! Pleks ons maar ook eerder vandaar af gaan kyk het hoe lyk die rivier verder af....

Want hulle het gaan sit om mooi te kan kyk hoe hierdie vyf mense in vier kano's hulleself en hulle kano's gaan afskryf – 'n aksie film soos geen televisie reeks beter kon doen nie.

Die eerste wat ek sien as ek agter Jopie deur die rotsblokke gaan en om 'n volgende rots waar Jopie sekondes tevore verdwyn het, is die ontstellende gesig van Jopie se kano wat onder die water verdwyn terwyl ek hom nêrens sien nie. Maar ook net vir 'n millisekonde, want dan gooi die stroom my teen 'n skerp rots aan die linkerkant vas en dan is die volgende paar minute net een deurmekaar maling soos in 'n slegte nagmerrie waar jy net hálf wakker is. Ek het nie 'n idee of ek bo of onder die water is nie en of ek dalk al na die volgende lewe oorgegaan het nie.

Die volgende waarvan ek weet, is dat ek aan 'n rots aan die regterkant van die stroom vasklou. As ek opkyk, sien ek vir ouboet Gerhard in die middel van die stroom aan 'n ander klein rots vasklou, maar ek skrik sommer baie groot as ek na sy grys-wit gesig kyk – ek kon sweer dat hy 'n hartaanval gekry het so sleg lyk hy.

Van Jopie, Kobus en Theo is niks te sien nie, en ek het net die ergste begin verwag toe hulle een na die ander, elkeen van agter sy eie klip, te voorskyn kom. Hulle het eers hulle geleende kano's gaan vang, hoor ek toe ons sinne weer bietjie bymekaar kom en ons 'n baie swak ouboet uit die water gehelp het.

Maar my kano is net weg – ons kry dit nêrens nie. Dan beduie die piekaniens van hulle TV klip af na iets in die water – teen een van die groot rotse. Eers sien ons niks, maar na 'n rukkie sien ons net iets blou bokant die water uitkom, om onmiddellik weer onder die water te verdwyn. Dis my kano se roeispaan, wat gelukkig met 'n nylontou aan die kano vas is! Die kano self moet onder hierdie groot rots onder die water ingetrek te wees. Ek ys as ek dink wat sou gebeur het as ek nie uit die kano geval het tydens die botsing nie!

Maar hoe kry ons die kano weer uit? Die stroom teen hierdie rots is geweldig sterk en dit lyk asof die kano ónder hierdie rots vassit. Na 'n rukkie van planne beraam, hou Theo vir Kobus aan sy voete vas en laat sak hom in die water in. Hy het die tyd reg gekies – die oomblik toe die spaan weer sigbaar word laat hy vir Kobus sak, wat die tou raak gryp en saam met die tou onder die water insak tot naby die kano. Ons ander hou op ons beurt vir Theo aan sý voete vas. En die piekaniens geniet die vertoning terdeë!

Na 'n lang gesukkel kon Kobus die tou vir ons aangee waarna ons uiteindelik die kano met ons gesamentlike kragte uit die stroom kon uit-beur.

Terwyl Theo en Jopie terugloop om eers die Land Rover en daarna my ma se bakkie te gaan haal, kry ons ander tyd om nabetragting te hou. Nie een van ons kon mooi onthou wat presies gebeur het vanaf die oomblik dat elkeen van ons (dieselfde) skerp rots getref het nie – dit was vir elkeen van ons rêrig net 'n "blur" van daardie oomblik af totdat ons weer stroom-af kon uitkom.

Maar ons statistiek lyk maar sleg: Ons het nie 'n volle 30 meter gevaar nie. In hierdie kort vaart het ons vier kano's afgeskryf – die drie enkel kano's se neuse is flenters gestamp en die dubbelkano het in die middel geknak – amper middeldeur gebreek. En almal was geleende kano's! Verder was elkeen van ons totaal uitgeput en verinneweer – soos Ouboet Gerhard gelyk het toe hy daar in die water gehang het, was hy seker baie naby aan sý dood.

Genadiglik het die eienaars van die kano's ons nie verplig om vir hulle nuwe kano's te koop nie – Jopie het dit baie netjies herstel – vir 'n relatief klein bedraggie, darem nie naasteby soveel soos wat nuwe kano's sou kos nie. En Jopie (en natuurlik ons ander ook) se begeerte om die 60 kilometer Olifantsrivier vaart te voltooi, het saam met die kano's se neuse soos mis voor die son verdamp!

Baie jare later, In die Kongo, was ouboet Gerhard eenkeer baie naby aan sy dood as gevolg van bloedvergiftiging, en toe die V.N. dokters daar intensiewe toetse op hom gedoen het, het hulle aan die kardiogram agtergekom dat hy op 'n stadium in sy lewe 'n hartaanval gehad het – hy het teruggedink aan sy lewe en tot die slotsom gekom dat die enigste keer wat dit kon wees, juis daardie dag met ons kano ongeluk was.

Wilde beeste is nie jou maat nie

Ons almal weet dat 'n Brahmaan 'n derduiwel kan wees as dit loop wild word het. Maar moenie sommer aanneem dat ander beeste nie ook kan wild word nie. Ek het darem self al ervaar hoe wild 'n Afrikaner bees kan word – daar in die noorde van Suidwes (vandag Namibië) waar die plase so groot is dat 'n kamp sommer maklik 'n 1000 hektaar groot is. Hierdie Afrikanerbeeste sien dan natuurlik nie dikwels mense nie, en as hulle die slag bewerk moet word in die kraal, dan moet jy sien hoe bokspring so 'n "mak" Afrikanerbees!

Hier in ons Bosveld agter die Soutpansberg het van my vriende darem self 'n paar humoristiese stelle met wilde beeste afgetrap – party wat maklik ernstig kon uitgedraai het.

Die bees waarmee my broer Jopie en ons vriend Karl Osmers die slag 'n stel afgetrap het, was 'n Bonsmara en nie rêrig wild nie – dis nou aanvanklik. Maar ek reken 'n bees kan seker ook net só ver gedryf word, dan sien dit nie meer die grappige kant van die saak in nie.

Die ding het só gebeur: Op 'n stadium, 'n hele paar jaar gelede toe Karl nog slagbeeste op die plaas aangehou het, het hy elke jaar wanneer hulle 'n koedoe geskiet het, 'n bees geslag wat dan deel van die worsvleis moes uitmaak, en natuurlik ook lekker dik T-been en ander steaks.. En meesal het

Jopie die bees met die.22 voor die kop doodgeskiet. Dit was in elk geval die manier van doen tot op die dag van ons storie.

Normaalweg het Jopie die bees met die gewone standaard snelheid lood patrone geskiet - en sommer van binne die kraal af, met die bakkie byderhand om sommer dadelik te laai. Maar toe maak hierdie hoë snelheid "blitzer" & "stinger" patrone hulle verskyning in ons vuurwapen winkels, en Jopie reken toe dat, as 'n standaard snelheid lood patroon die bees kan doodskiet, hierdie vinnige patrone hom seker baie méér dood kan skiet!

Wat natuurlik ongelukkig nié so is nie, want die hoë spoed van die koeël laat die relatief swak en dun wande rondom die gaatjie voorin, onmiddellik opbreek en plat slaan sonder om te penetreer wanneer dit 'n harde oppervlak tref. Soos byvoorbeeld wanneer dit op 'n kort afstand 'n bees se harde kopbeen tref.

Maar omdat Jopie dit nie toé al geweet het nie, skiet hy met hierdie, soos hy dink wonderlike patroon, die bees voor die kop, met groot verwagting om te sien hoe hierdie bees soos, wel, 'n *os* gaan neerslaan. En al wat gebeur is dat hierdie "mak" bees net sy kop 'n slag skud, verbaas oor die klap wat hy nou voor sy kop gekry het.

Jopie skiet weer – miskien het hy die skoot dalk ietwat getrek? En weer skud die bees net sy kop, 'n bietjie meer geïrriteerd hierdie slag. Nou verstaan

Jopie hierdie sakie nie meer so mooi nie, en skiet 'n desperate derde skoot.

Maar kyk, soos ek reeds gesê het – jy kan 'n mak bees ook net só ver dryf, want hierdie keer laat sak hy sy seer kop en storm! Nou dink Jopie darem self dat dit nou nie meer 'n grap is nie, 'n bees wat jou op vyf tree begin storm is nie juis dié soort tydverdryf wat goeie gesondheid en 'n lang lewe voorspel nie – Jopie se lewensverwagting lyk op daardie oomblik vir hom eintlik gevaarlik kort. En daar is nie tyd of plek om vinnig genoeg te kan wegkom nie!

Dit kon 'n lelike storie afgegee het as dit nie was dat Jopie en Karl nét voor die bees skietery uit die jagveld gekom het nie – wat beteken het dat Karl op daardie oomblik nog met die 9.3 x 62 Mauser in sy hande gestaan het. Ek dink nie Karl se buffelbul wat hy in Zambië geskiet het, het hom dieselfde opwinding gegee as hierdie kopskoot van hom op 'n aggressiewe, aanstormende bees op 'n afstand van drie tree nie. Die bees het letterlik teen Jopie se voete dood neergeslaan!

Van daardie dag af het Jopie veiligheidshalwe liewer slagbeeste met sy 375 H&H doodgeskiet.

Toe die boere agter die berg so 'n hele paar jare gelede oorgeslaan het van wild- én beesboerdery na nét wildboerdery, het dit op meeste plase gebeur dat daar enkele beeste oorgebly het. Omdat hulle nooit meer in die kraal gekom het nie, het hulle mettertyd ook wild geraak. Die enigste manier om hulle in die hande te kon kry, was om hulle te jag.

Op *Cohen*, my vriend Karl Osmers se plaas, was dit ook nie anders nie. 'n Paar van hierdie beeste kon hulle skiet wanneer hulle met die bakkie op die plaas rondgery het en toevallig op beeste afgekom het wat langs die pad gestaan het. Maar die heel laaste klompie moes maar met die voet gejag word.

In daardie tyd het Schalk Robinson en Ivy Iveson (al twee nie meer met ons nie) saam met 'n paar ander manne vir 'n week lank op *Cohen* gaan jag. Vroegerig in die week het Schalk in een jag-sessie 'n blouwildebees en twee rooibokke in die sandveld geskiet. En toe soek hy nog net 'n koedoebul.

Teen Donderdagoggend het hy homself al moeg gejag agter koedoes aan. Kyk, as jy nou één iets soek waarmee jy jou redelik gemaklik mee moeg kan jag, probeer gerus om 'n koedoebul op *Cohen* te soek. Maar omdat hy toe moeg gejag is, besluit hy om liewers Donderdagmiddag 'n makliker groot bok te soek om te jag – iets soos byvoorbeeld 'n mak bees wat weliswaar effens wild geword het. Hoe moeilik kan dit dan nou wees, 'n bees is mos in sy aard 'n mak dier?

Een van die ander jagters het hom vertel waar hy die oggend twee beeste raakgeloop het, en dis waar Schalk begin spoor vat. Na 'n ruk sien hy die beeste tussen die takke. Wanneer hy nader loop, snork hulle en hardloop weg. Nou wat is dit dan nou met hulle, het hulle vergeet hulle is beeste, nie koedoes nie?

Gelukkig is dit darem redelik maklik om 'n bees se spoor te volg, en 'n rukkie later sien hy hulle weer. Maar weer gewaar hulle hom en weer hardloop hulle weg. "Dit lyk my ek sal hulle maar moet bekruip, net soos vir 'n koedoe", dink Schalk ergerlik by homself. "Dit word nou 'n *jag* hierdie, dit lyk of dit dalk tog nie so maklik gaan wees nie!"

Want dit kos hom al sy vernuf om na die derde slag dat hy bekruip het, uiteindelik laatmiddag 'n kans op 'n skoot te kry – in 'n baie ongemaklike posisie. "Die goed is dan amper net so wakker soos koedoes", gaan dit deur sy gedagtes as hy die skoot aftrek.

En daar trek die bees! Schalk loop totdat dit te donker is om die spoor te sien en loop dan maar terug kamp toe. "Ek het hom so wragtig gekwes!" dink hy, bitter vies vir homself dat hierdie maklike jag nou so moes eindig.

Maar dit het toe nie daar geëindig nie, want die hele Vrydag loop hy op die spoor. En Saterdag. En hy is naderhand doodseker dat hierdie bees hom baie moeër maak as wat die koedoe-jag sou gedoen het. Gelukkig vir hom loop Ivy Saterdagmiddag met die grootste toeval in die wêreld in die gekweste bees vas en sy vinnige skoot bring uiteindelik 'n einde aan Schalk se *maklike* bees-jag!

Ek sou eintlik Neels Osmers se storie met 'n befoeterde bees ook hier vertel het, maar gelukkig kon ek hom in New Zeeland in die hande kry en hom oorreed om dit self te skryf, wat hy ook gedoen het - en 'n honderd keer beter as wat ek ooit sou kon hoop om te doen! Ek plaas dit in die volgende storie in hierdie boek.

Maar nou moet jy ook nie dink dis net wilde beeste wat jou skade kan aandoen nie. Want Neels se ma, Rita. het my vertel van die mak bees wat hulle eenslag op *Vrienden* gehad het – een wat so mak was dat sy gedink het sy is eintlik 'n hond, en nie 'n bees nie.

In die jare 1995/96 was dit baie droog op *Vrienden*. Ossie se paar Bonsmaras was brandmaer, ten spyte van die voer wat hy vir hulle laat aanry het. Dit was ook in dié tyd dat 'n wrede ironie van die Bosveld *Vrienden* getref het: die gronddam op die plaas het weggespoel nadat dit stroom-op gereën het, terwyl *Vrienden* nie 'n enkele druppel reën gekry het nie!

En in hierdie vreeslike droogte kalf een van die Bonsmara koeie – en nogal 'n tweeling! Maar as gevolg van die ernstige droogte het sy nie melk gehad om die twee baie klein en uiters swak kalwertjies te voed nie. Bonsmaras, soos ook Afrikanerkoeie (waaruit hulle geteel is), gooi mos baie klein kalwers – hulle sukkel normaalweg nooit om te kalf soos wat by party ander rasse soms die geval is nie.

In elk geval, die twee kalwers, 'n bulletjie en 'n versie, moes toe hans grootgemaak word, maar die bulletjie is sommer die volgende dag al dood. In daardie tyd het Neels en Ronel op Messina gebly en die vers kalfie, wat hulle *Griet* gedoop het, moes noodwendig saam huis toe na die naweek. En elke naweek as Neels-hulle plaas toe ry, saamgaan. Dan het Griet soos 'n klein hondjie tussen hulle twee op die bakkie se sitplek gelê.

Wanneer hulle dan op die plaas aankom, het Griet soos 'n hondjie al agter hulle aangeloop – natuurlik in die huis in ook. En ongelukkig was hierdie "hondjie" se plassies en blertse 'n heelwat groter gemors om skoon te maak as 'n klein skoot-hondjie s'n! En sy kon ongelukkig ook nie geleer word om haar besigheid buite die huis te doen, soos mens 'n regte hond mettertyd kan leer nie.

Teen die tyd dat die weiding op die plaas effens verbeter het, was Griet ook al groot genoeg om op die plaas agter te bly wanneer Neels en Ronel huis toe gery het. Maar dit het nie beteken dat die probleme opgehou het nie – inteendeel. Want soos sy groter geword het, het sy baie opgewonde geraak sodra sy Vrydagmiddae Neels se Isuzu bakkie hoor aankom – dan het sy hulle tegemoet gehardloop.

Wanneer hulle dan op die plaas rondgery het, het sy soms soos 'n hond agter die bakkie aangehardloop. Maar hulle het gou agtergekom dat die agterna hardlopery dalk maar beter is as wat sy by die huis sou bly as hulle ry, want eenkeer, toe sy wel agtergebly het, het sy al hulle kos wat hulle buite op die sement tafeltjie vergeet het, opgevreet!

Die ding dat Griet so in die huis in geloop het net wanneer sy wou, en dan die plek liederlik bemors, het natuurlik ook 'n al hoe groter ergernis veroorsaak. Maar niemand kon dit oor hulle hart kry om haar uit die huis-kamp te verban nie – tot eendag. Want dit was toe net die laaste strooi...

Want toe die hele gesin eenslag vir 'n lang tyd deur die plaas gaan rondry het, het Griet haar kans waargeneem om die huis 'n slag weer behoorlik te gaan verken. Sy het in een slaapkamer ingeloop en met haar gevroetel deur al die interessante mense-goed aldaar, per ongeluk die deur toe gestamp sodat sy nie weer kon uitkom nie. Met die gevolg dat, toe Rita-hulle heelwat later weer by die huis uitkom, daar 'n gemors van fenomenale omvang in daardie slaapkamer aangetref is – aangeteken in die annale as die ergste gemors in die geskiedenis van *Vrienden*.

Die gevolg was dat Griet summier verban is na die kamp oorkant die grondpad. Waar sy telkens wanneer 'n motor in die grondpad verbyry, vas onder die indruk dat dit háár mense is, vol-spoed teen die draad langs die grondpad op gehardloop het.

Wat veroorsaak het dat sy na een van die ver binne-kampe verskuif is. Waar sy heeltemal vermaer het omdat sy heeldag teen die kampdraad op en af geloop het – om tog net weer 'n slag by die huis en haar mense uit te kom.

Arme Griet, sy moes uiteindelik maar die vernederende lot ervaar om soos 'n gewone bees na die veiling op Mopane aangery te word en daar verkoop te word. Sy, wat mos darem eintlik 'n baie meer verhewe hond-koei was!

Brahmane en Ego's (vertel deur Neels Osmers)

Vir baie jare was beeste die algemene boerdery op ons familieplaas *Vrienden*, in die Mopane omgewing. Brahmaan kruisings was die voorkeur bees ras vir my pa-hulle se generasie vanweë aanpasbaarheid by droër omstandighede, gehardheid ensovoorts. Of so het hulle gesê....

Maar jong, die ding van 'n Brahmaan wat mense nie verstaan nie, is: hy moet elke dag hanteer word, soos met stoet - en skou diere die geval is. Dit kon eenvoudig nooit gebeur nie aangesien *Vrienden* se eienaars in Tzaneen gewoon het. Dus was daar meestal oor naweke met die beeste "gewerk". En werk was 'n "under statement". Om die beeste te dip en kallers te onthoring het die Comrades na 'n piekniek laat lyk. Dit het eerder gelyk na 'n atletiek veld tydens interhoër – 'n miernes van bedrywighede. Om die beeste bymekaar te maak vanuit verskillende kampe en aan te ja dipkraal toe het soggens vroeg begin sodra die bospatryse die nuwe dag aankondig. En dit het dikwels tot laat geduur. Kenmerkend van dip-dae was gereelde ongevalle by die beeste, maar by die mense altyd bloed, stof en uiters beskrywende woorde.

Vrienden se Brahmane en rooibokke was albei van die H (Hol) "strain" of variant. *Vrienden* kon droog en warm word. Dis asof Pylkop en Bloukop die hitte ingeklem het. Dis seker hoekom vriende net in die winter kom kuier het. Die H-variant kombinasie met warm en droog was soos 'n "turbo-booster" vir die Brahmane se temperament. Dit het uitstekend gewerk tydens Mopane se beesveilings.

As kinders het ons vas geglo 'n Brahmaan en 'n rooi vlaggie loop nie saam nie. Daarom was veiling dae vir ons seuns 'n hoogtepunt. Ons het gewoonlik stelling ingeneem onder die afslaer se "pawiljoen" want die klonkies wat die beeste in die ring hanteer het altyd daar kom staan terwyl die spesifieke lot nommer opgeveil word. Dan het ons ongesiens 'n rooi lappie in sy "overall" se sak gehang sodra Vrienden se Brahmane ingejaag is. Op daai stadium het ons reeds al gekrul van die lag want ons het geweet wat kom. Kort voor lank het die klonge gemors met swaartekrag soos hulle van binne na buite die ring migreer. Tyd vir klouter was daar selde.

Later jare het ons die plaas omskep in 'n wildsplaas. Maar soos jy nooit die "wild" uit 'n hok-leeu kan kry nie, so kon ons nooit die "bees ding" uit pa Ossie kry nie. Hy het maar elke jaar so 'n paar spekulasie kallers aangekoop, dit was sy trots. En wanneer hulle mooi groot en vet geword het, is hulle weer verkoop, op Mopane ja. Vir hom was 'n mooi bees net so mooi soos 'n groot ou koedoebul. Maar hy het oorgeslaan Bonsmaras toe want hulle het makliker "gewerk" as Brahmane. Die "arrangement" het goed gewerk, tot een dag. Pa het 'n mooi nuwe troppie Bonsmaratjies gekoop en met hulle gearriveer op die plaas. Daar was nege Bonsmaras en een Brahmaan, so 'n rooi een.

Sy rooi was dieprooi, soos 'n wille rooibok se rug, want hulle was van dieselfde "strain". Hy het diep, indringende plooie bokant sy oë gehad, soos oom Jannie Slabbert s'n wanneer hy my rek toets gemerk het. Toe die lorrie se hek oopmaak by die laai-bank, was hy eerste af. Die drukgang was maklik twee meter hoog en het geen weerstand gebied nie. Kampdrade het hom net laat spoed optel en het vir minute lank soos ghitaar snare gesing as hy deur of oor hulle is. Ons het hom vir die eerste keer 'n maand later langs *Goosen* se lyndraad gesien. Dit was ook die enigste keer wat ek onthou dat hy gestaan het. Pa het gereken ons sal hom nog mak kry. Ons het van hom verskil. Na die goue oomblik het ons hom baie minder gereeld tot selde gesien.

Na sowat 'n jaar het die Brahmaantjie meer van 'n bulletjie geword en homself by die trop elande aangesluit. Selfs met 'n jaarlikse losprys op sy kop kon geen jagter hom uitoorlê nie. Elande en ander wild het met gereelde interval rondom hom geval, maar die rooi masjien kon net nooit onder skoot kom nie, daarvoor was hy te wakker. As die trop elande verby draf, dan was hy voor.

En so gebeur dit toe op 'n soel Saterdag wintersoggend dat ons mekaar van aangesig tot aangesig ontmoet. Skielik, onbepland en onvoorbereid. Oom Danie (ma Rita se broer) kuier vir die eerste keer saam op die plaas, al die pad van Jeffreysbaai af. Met 'n Land Cruiser vol kinders, vroumense en vriende wip ons in gesellige luim deur die hol kremetart se sloot op pad na die koppie by Huntleigh Stasie. En dan, soos net 'n koedoebul dit kan regkry, staan hy daar, 'n skamele 20 tree van ons af! Daar daal 'n doodse stilte neer op die Land Cruiser. Hierdie "Great White Hunter" is wit van die skrik, ek trap die petrol in plaas van die briek maar kom eindelik tot stilstand. Die rooi bees se oë is vasgenael op die bestuurder, hy onthou my. Daai Pa Slabbert plooie het 'n wilde frons geword in 'n jaar se tyd. Ek weet daar is fout want hy staan nooit stil of laat so vir hom kyk nie. Dan sien ek sy agterbeen is verstrengel in 'n staaldraad van 'n ou kampdraad.

Alles kom tot bedaring, maar steeds heers daar doodse stilte. Die kinders sit plat en kyk grootoog oor die bak se rand. Hulle het al gehoor van hierdie meneer. Hy kyk vir my en ek kyk weg na die Cruiser se hitte meter. Ek sweet maar dis te vroeg vir sweet, en dis nie gisteraand se Red Heart nie. Ek sukkel om beheer te neem van die situasie maar ek weet ek moet. Ernest klim af en gee 'n paar tree in die rigting van Rooibees. "Heeeey, ken jy 'n Brahmaan Tjom?" vra ek na die derde poging uit 'n horingdroë keel. Hy retireer vinnig. Oom Danie is ook uit en staan voor by die "bull bar". Hy neem foto's met sy foon maar hulle is uit fokus want hy bewe. Ek kyk nog eers bietjie rond, klim dan stadig uit en slaan die Cruiser se sitplek vorentoe. Ek kyk vir ou Gele, my getroue.308. Hy lê nog in sy groen sak, toegezip. My linkeroog kyk skelm onder my arm deur. Ek sien sy agterpoot en waar die staaldraad om sy kloutjie styfgetrek het. Hy kan maklik loskom daar as hy net sy been omswaai. Ek besluit hy gaan nie vandag met 'n koeël die tydelike met die ewige verwissel nie, hy verdien 'n waardiger dood as dit.

Ek grou verder agter die sitplek en kry 'n geroeste "side-cutter". Ek dink dit was nog Piet Jansen s'n toe hy 'n bottel Three Ships daar weggesteek het vir sy miesies. Die "wheel spanner" lyk belowend vir 'n "back-up". Rooibees hou berekend en kalm elke beweging van my dop, maar hy roer nie, hy staan fors en hy kyk wat is my plan. Dis stil op die Cruiser. Die deur bly oop, vir as dit nodig raak. Ek werk uit as ek die draad kan knip halfpad na Rooibees toe dan behoort hy los te kom (en ek). Heng, dis 'n "long way to go", ek skat so 15 meter voor ek kan knip. Ek vorder halfpad. Oom Danie sukkel met sy foon, bly so sewe, agt tree agter my. Hy hou sy lyf Paparazzi en wil 'n video maak. Op 11m voel my bene net so rusteloos soos Zola Budd s'n. Dis sommer hier waar die draad geknip moet word, besluit ek. Ek kniel om te knip maar die side-cutter kort Q20.

Ek hoor die "pffffff" toe Rooibees storm. 'n Buffel klink net so as hy kom. Ek hoor ook die "twang" van die staaldraad wat breek, asook die toeskouers se aanmoediging om aan die resies deel te neem. Ek lê oop maar besef gou ek is alleen in hierdie wedloop. Die Paparazzi vat al reeds die draai voor om die Cruiser. Hy lyk mank – ek dink hy het 'n "hammy" getrek. 'n Rosyntjiebos knoets laat my struikel en ek verloor broodnodige spoed. In die agtergrond hoor ek aan die kindertjies se benoude gille dat ek tans onder presteer. Net hulle vingerpunte en neusgate is sigbaar. Ciela se hand is oor haar een oog, sy wil nie alles mis nie. My skietgebed begin onwillekeurig by "verlos ons van die bose". Dan tref Rooibees se voorkop my tussen die blaaie en ek ploeg in die grond in. Die "Great White" slaat neer met dofsware plof soos koeëls innie stof….. Gelukkig boor Rooibees my nie verder in die grond in nie, gee my net 'n laaste koebaai trap op my linker nier, en toe is hy styf teen die Cruiser verby, vort in die digte Mopanies in. Oom Danie sit met 'n benoude laggie in die Cruiser. Sy foon is soek. Die "side cutter" is nou nog weg.

Ek spoeg sand uit my mond en my lip bloei. My een oog blur kwaai maar ek trek die groen geweersak se rits oop. Ou Gele val in posisie, sy K98 aksie gly oop en toe en ek vat spoor. Na so 100m neem Rooibees se gang af van 'n stywe galop en toe na 'n drafstap. Hy draai wind-af, weg van die treinspoor af, reguit na die ruie bos waar die enigste kalbas-kremetart op die plaas staan. Die elande het hom mooi geleer. Ek weet hy het nou omgedraai en kyk reeds terug op sy spoor. Hy weet van my en wat ek beoog om te doen. As hy nou wegtrek, vat ek spoor tot teen Ds Fanie se draad, hy ken daai pad, vra vir Anton Kilian. Ek gaan staan stil, ek vat nie verder spoor nie. Dit sal nie help nie. Ek gaan sit waar hy vir 'n oomblik gemis het. Dis nog vuurwarm. Dan besef ek, hy weet vandag het ek sy lewe gespaar, en daarom het hy my ook oorgesien. Ons is "quits".

Ek kyk af na myself. *Vrienden* se rooi stof kan ek gaan afwas. Mopane se stasie winkel sal genoeg Mercurochrome hê, maar as ek terugkom by daai Cruiser, is my ego moertoe…

Twee jaar later skiet ek 'n rooibok verder af in dieselfde sloot. In die rosyntjiebos ruigtes naby die hol kremetart volg ek die diknek ram se duidelike bloedspoor. Toe ek kniel langs die ram se lewelose karkas, lê Rooibees se skedel 'n paar meter daarvandaan. Die tekens in die onmiddellike omgewing dui op 'n hewige geveg wat plaasgevind het. Hy het hom vasgeloop teen 'n eland bul en met sy lewe geboet. Hy het gelewe soos een, maar kon nooit 'n eland wees nie. Rooibees was onoorwonne, maar uiteindelik oorwonne.

'n Covid koedoe jag

Ons laaste jag vir hierdie jaar het ons gereël vir 5 tot 9 Augustus, weer op *Oporto*. Aanvanklik sou die vrouens ook saamgaan, maar op die ou end is dit net Jopie, Danwilh en ek wat gaan. Ons sien natuurlik baie uit na die jag, veral Danwilh, wat ons 10 dae jag in Julie gemis het.

Maar Vrydag die 23ste Julie begin Jopie siek word, hy voel net nie lekker nie en hy is sommer baie swak. Nou ja, onmiddellik dink mens mos dis dalk Covid, maar Jopie het nie rêrig Covid simptome nie. Maar Maandag die 26ste voel hy so siek en veral swak dat hy maar liewer dokter toe gaan.

Die eerste ding wat die dokter toets, is sy suiker vlak – en daar kry Jopie die skok: sy suiker telling is so hoog dat dit nie gemeet kan word nie! Die dokter sit hom onmiddellik op 'n drup, sommer daar in die spreekkamer, want met so 'n hoë suiker telling kon hy enige oomblik in 'n koma gaan!

Halfpad deur die drup toets sy weer, en nou is sy suiker telling 36, en dit moet eintlik onder 8 wees. Sy skryf dadelik insulien inspuitings voor en hy moet ook 'n suiker toetsapparaat koop en elke dag twee keer sy suiker toets en dit neerskryf – die syfers moet elke week aan haar gestuur word. Maar sy sê ook dat hy in elk geval 'n Covid-19 toets moet gaan doen.

Maar Jopie voel so moeg dat hy die toets eers uitstel – hy weet mos nou dat sy probleem suiker is en nie Covid nie. Daarom doen hy die toets eers 'n week later, op Maandag 2 Augustus, dis nou die Maandag voor die Donderdag dat ons sou gaan jag. Intussen kom sy suiker baie mooi af van die inspuitings en die Dinsdagaand is dit al af tot 12.

Iemand het ook vir hom 'n meter om die suurstof vlakke in jou bloed te toets, geleen, en sy suurstof vlakke toets ook heeltemal normaal. Daarom besluit hy dat hy goed genoeg voel en dat ons jag maar kan voortgaan.

Maar hy kry nie sy Covid toets se uitslag nie – hy probeer herhaalde kere om op die Internet sy uitslae te kry, maar kom net nie in op die webwerf nie. Sy dokter laat weet hom ook niks nie. Daarom neem ons (verkeerdelik) aan dat sy toets negatief is en dat dit is hoekom hy niks hoor nie. En buitendien, die dokter het tog per slot van sake vasgestel dat dit sy suiker was wat hom so sleg laat voel het.

Die Donderdagoggend 9 uur ry ek en Jopie van ons huis af weg – ek dink glad nie eers meer aan sy Covid toets nie – ek maak net seker dat hy sy insulien inspuitings en sy suiker toets meter ingepak het. En ek laai self sy geweer agter die bakkie se sitplek in! Danwilh kon eers eenuur by sy werk wegkom, so ons ry maar vooruit.

Toe ons op die plaas aankom, laai ons net ons goed af en eet ietsie en gaan ry dan 'n draai om te kyk of ons nie wild sien nie. So 'n rukkie voor drie kom Danwilh ook daar aan en, nadat ons sy goed ook afgelaai het, begin ons jag. Aangesien dit nét na donkermaan is en ook omdat meeste blare reeds geval het wat sigbaarheid verbeter, sien ons nogal taamlik wild – veral koedoes.

Die ou Bosvelders sal jou vertel dat 'n koedoe jou drie sekondes gee wat hy sal stilstaan – en in hierdie drie sekondes moet jy skiet. Dan tel hulle so: "een.... twee.... drie.... – jy moes al geskiet het!"

Maar die koedoebul wat ons langs die pad kry, het seker gehakkel, want hy gee vir Jopie heelwat meer as hierdie drie tellings! Wanneer die skoot afgaan, kan ons hoor dis raak. Soos meeste van die kere waar jy met 'n klein kaliber soos Jopie se 243 na 'n groot bok soos 'n koedoe skiet, kry ons nie bloed nie. Maar ons sien die wegspring spore en Danwilh, wat deur die jare al heel konfyt geraak het met die spoorsny, vat nie te lank voordat hy die koedoebul kry waar dit omtrent 60 meter verder doodlê nie.

Dit was 'n perfekte hart-skoot – dis 'n jong, maar volwasse bul, met ander woorde dis 'n volgroeide bul, maar dit het nog nie die kenmerkende dik nek van die ou blou bulle nie. Dis eintlik die perfekte vleis- en biltong koedoe.

Jopie betaal nie vir bokke op *Oporto* nie, in elk geval nie direk nie. Hy doen elke jaar deur die jaar vir Johan Coetzer (ons neef en die eienaar van

Oporto) verskeie werke en instandhouding op die plaas en bou dan 'n rekening op wat hy in die jagseisoen "af-jag", om dit so te stel. Voor hierdie naweek het Johan al vir Jopie gesê dat hy al begin skuldig voel omdat hy vir Jopie so baie geld skuld en wou al met alle geweld vir Jopie betaal vir die werk. Wat Jopie natuurlik met alle geweld gekeer het – hy wil eerder jag!

Maar nou het Johan voor hierdie naweek gesê dat as Jopie nie op hierdie naweek 'n groot bok skiet nie, hy hom maar liewers gaan betaal. Daarom stuur Jopie vir Johan die volgende *WhatsApp*: "Moenie bekommerd wees nie, ek is besig om hard te werk om jou skuld 'n bietjie af te bring!"

Nadat ons 'n paar foto's van Jopie by sy koedoebul geneem het, sleep ons die koedoe met die wen-as oor die katrol op die dak, op die Mahindra se bak. Dan ry ons nog 'n draai deur die bos op pad huis toe.

Seker nie 20 minute later nie, kry ons weer koedoebulle – maar ek dink hulle het in Italiaans getel, want dit was net eentweedrie, afgerammel so vinnig soos net 'n Italianer kan praat, en Danwilh kon net amper-amper skiet. So ry ons maar huis toe waar William en Daniël die koedoe begin afslag.

Wanneer hulle klaar geslag het, vat Jopie vir Daniël terug na sy huis toe (hy is mos darem al 'n ou Madala en ons wil hom nie so ver in die donker laat terugloop huis toe nie) en wanneer hy terugkom, begin ons aand-bedrywighede by die kampvuur.

Soos altyd is die kuier rondom 'n kampvuur op *Oporto* iets baie spesiaals. Ek en Danwilh drink elkeen 'n doppie van sy Red Heart rum – Jopie moet maar noodgedwonge koffie met pilletjies in drink. Vandat hy nie meer alkohol drink nie, het hy die laaste tien jaar net Coke gedrink, wat natuurlik, as gevolg van sy hoë suiker telling, nou heeltemal taboe is.

Daar is altyd 'n lekker atmosfeer om die kampvuur as iemand die eerste dag al 'n groot bok geskiet het. Danwilh braai vir ons vleis terwyl hy ook 'n Franse brood eenkant op die rooster troetel. Jopie is vol kwinkslae en ek sit met 'n kelkie lekker droë rooi wyn en kuier. Nadat ons geëet het, drink ons koffie en gaan dan slaap.

Die volgende oggend jag Danwilh met die voet al langs die rivier af – ek en Jopie sal met die bakkie gaan jag (ons mag – ons is albei aan die verkeerde kant van 65). Maar eers is daar 'n probleem.

Jopie het op 'n stadium vir Johan 'n kragopwekker gebou wat van die trekker se PTO af werk. Met hierdie krag word die koelkamer dan aangedryf. Maar toe Jopie op hierdie oggend die trekker se olie nagaan, is daar duidelik water in die olie – wat beteken dat ons nie die trekker sal kan laat loop nie, wat op sy beurt beteken dat die koelkamer nie sal werk nie.

Plan B is natuurlik om die koedoe karkas na Henk Osmers se koelkamer toe te vat. Daarom bel Jopie eers vir Henk en hy sê dit is reg, ons kan maar bring. Ons besluit om dit ná "brunch" weg te vat. Dan klim ek en Jopie in die Mahindra en ry bos toe.

Toe ons vir Danwilh halfelf gaan oplaai, het nie ons of hy iets geskiet nie – albei het wild gesien, maar kon nie 'n skoot inkry nie. Daarom ry ons maar terug huis toe om eers te gaan eet en dan die koedoe na Henk toe te vat.

By die huis maak ek vir ons 'n lekker "brunch" van gisteraand se vleis wat oorgebly het, saam met spek en Danwilh bak vir ons eiers. Ons het pas klaar koffie gedrink na ete, toe Jopie se selfoon lui – dis Tina, sy vrou. As sy gesig skielik sonder enige emosie raak, weet ek daar is fout.

"Is daar fout by die huis?" vra ek toe hy klaar gepraat het.

"Nee," sê Jopie, "nie by die huis nie. Tina het uiteindelik die verpleegster in die hande gekry wat my getoets het – my uitslag is positief vir Covid19!"

"Dit kan nie wees nie, hulle het seker 'n fout gemaak," sê ek, "as dit positief was sou hulle jou tog dadelik laat weet het. In Namibië het hulle my skoonsus Adri by haar huis kom sê dat sy positief getoets het en sal moet kwarantyn."

"Nee, sê Danwilh, "hier doen hulle dit nie, en hierdie mense maak nie foute met so iets nie."

Dit vat 'n hele rukkie voordat die implikasie van wat Jopie gesê het, sowel as die komplikasies wat dit nou sal veroorsaak, by ons ingesink het. Want dit raak nie net vir Jopie nie, tref dit ons skielik, ek en Danwilh word ook nou daardeur geraak. Wat staan ons nou te doen?

Danwilh besluit om vir Dr. Fritz Visser te bel. En van hom hoor ons vir die eerste keer dat Jopie se hoë suiker telling waarskynlik deur die Covid virus veroorsaak is – dit is wat die virus doen, aldus Dr. Fritz. "Nou hoekom het Jopie se dokter dit nie vir hom gesê nie?" wonder ons. Dit sou mos 'n heel ander perspektief op ons jag naweek en op die feit dat Jopie nog nie die uitslag van sy Covid toets gekry het nie, geplaas het.

"Ek sal seker maar vir Tina moet bel om my te kom haal," sê Jopie beswaard, "dan kan julle mos verder jag."

"Nee, dan moet jy maar eerder my bakkie vat," sê ek, "dan kan ek mos saam met Danwilh terugry."

"En hoe gaan julle dan 'n koedoe diep in die bos oplaai," vra Jopie, "julle kan tog nie met Danwilh se bakkie tussen die takke en dorings inry nie?"

"Ons sal wel 'n plan maak," sê ek, "maar wag, kom ons dink eers 'n bietjie oor die ding."

My analitiese brein wil hierdie saak nou eers logies agtermekaar kry. Ek spreek my gedagtes hardop uit: "Kyk, as Dr. Fritz sê dat die Covid virus Jopie se suiker opgejaag het, beteken dit dat hy al omtrent vóór die 22ste Julie die Covid virus moes opgedoen het. Dit is vandag die 6e Augustus, wat beteken dat Jopie die virus al vir omtrent 16 dae onder lede het.

"En dit sê vir my twee dinge: Die eerste is dat Jopie dan al feitlik oor die siekte is, want hy het geen ander Covid simptome nie – net die hoë suiker. Sy bloed-suurstof telling was tog gister by die huis nog heeltemal normaal. Hy het nie koors nie, hy voel nie pap nie, sy lyf pyn nie, hy het nie oormatige slym op sy bors nie en hy hoes ook nie buitensporig nie – net sy gewone rokers-hoes.

"Die tweede ding is dat ek dan nie die siekte opgedoen het nie, want ek was nog elke dag van vóór die 22ste af met Jopie in aanraking. Ek het elke middag in hierdie tyd saam met hom koffie gedrink en gekuier.

"Dus wil ek voorstel dat ons maar aanhou jag, want Danwilh, jy het tog al twee jou inentings gehad, so die kanse is seker skraal dat jy dit sal kry. Party dokters beweer buitendien dat iemand wat die virus het, nie meer ander persone kan aansteek 'n week nadat hulle die virus opgedoen het nie."

My twee jagmaats lyk nie juis of hulle oorloop van entoesiasme vir my voorstel nie, maar dit lyk darem of my redenasie vir hulle sin maak. Jopie veral lyk baie terneergedruk, eintlik amper depressief. Mens kan nie dink dat dit dieselfde spitsvondige Jopie van gisteraand is nie. Hy kan tog nie vandag soveel sieker wees as gisteraand nie?

En dan verstaan ek skielik wat 'n vriend van my, wie ook Covid gehad het maar nie in 'n baie ernstige graad nie, bedoel het toe ek hom gevra het of hy baie siek was van die Covid. Want hy het vir my gesê: "Jong, die grootste probleem is 'n ou se kop – jou kop smokkel met jou en maak jou allerhande afgryslike goed wys. Jy kan dit net nie help nie, jy is naderhand so terneergedruk dat jy vir niks lus is nie."

Nou ja, dit verklaar Jopie se gemoedstoestand een honderd persent.

Maar eerste dinge eerste – ons moet eers die koedoe karkas wegvat na Henk toe. Jopie bel eers weer en vertel vir Henk dat hy positief getoets het vir Covid en of dit nog steeds reg sal wees as ons die koedoe bring – hulle moet maar net ver weg staan van ons af as ons aflaai! Ironies is dat, toe ons met die kom-slag *Oporto* toe by Henk aangery het, ons bang was dat Henk ons dalk kan aansteek! (Sy skoondogter, wat op dieselfde werf as hy bly, het Covid onder lede gehad). So gelukkig het ons tóé al 'n goeie afstand vanaf Henk gebly.

Danwilh wil nie saamry nie, hy sê hy gaan maar bietjie skuins lê. Hy wou seker die situasie oordink – hy was nog nie rêrig oortuig dat ons moet bly en aanhou jag nie.

En dit is ook so, want toe ek en Jopie van Henk af terugkom, is Danwilh se bakkie kant en klaar gepak om te ry – met net een klein probleempie: sy bakkie se battery is pap (ons het die vorige aand die huis se ligte aan sy bakkie gekoppel) en hy het nie "jumper cables" om dit weer aan die gang te kry nie. Trouens, ons het al drie sulke kabels, maar ons al drie s'n lê in Tzaneen!

Ek trek my bakkie teenaan syne, en terwyl Jopie en William vir ons 'n stuk bloudraad gaan soek, vertel Danwilh vir my: "Ek het weer vir Fritz gebel om raad te vra oor wat my te doen staan en vir hom ons situasie verduidelik. Hy reken dat, al is Jopie dalk al oor die siekte, jy dit by hom kon aangesteek het en jy weer op jou beurt vir my kan aansteek. So hy reken die beste sal wees as ek teruggaan en by my huis kwarantyn – en ek is so toegegooi onder werk by my kantoor!"

Nou probeer ons om met 'n stuk bloudraad en 'n baie kort stuk ou batterykabel, Danwilh se bakkie aan die gang te kry. Ek druk die twee punte op my battery vas en Jopie op Danwilh se bakkie se battery, terwyl Danwilh probeer om die bakkie aan die gang te kry. Maar dis 'n Ford, so elke keer as die enjin begin draai, gaan die ligte en die ruitveërs aan en is daar te min krag. Dus haal ons hierdie twee goed se sekerings uit en dan vat die bakkie uiteindelik. Dan groet Danwilh en ry.

Dis al amper halfvier. "Gaan ons jag?" vra ek vir Jopie. Hy lyk nog steeds nie lekker nie.

"Ja, kom ons gaan maar," sê Jopie.

"Waarheen moet ons ry?" Vra ek.

"Ry maar waar jy dink," sê Jopie, sonder veel entoesiasme, klink dit vir my.

Maar ons is skaars weg by die huis, net by die Sandrivier, of Jopie se kop sak vooroor en hy slaap. Ek los hom 'n rukkie en maak hom dan wakker – ons wil mos jag! Maar skaars tien tree verder slaap hy weer. Ek ry na die plek waar die rivier deur die grens gaan – daar is 'n stuk bos waar ons gereeld koedoes en njalas kry.

"Jy moet nou kyk vir koedoes!" maak ek Jopie weer wakker. "Jy wil mos nog 'n koedoe skiet."

"Is ons nou op die windpomp pad?" vra Jopie.

"Nee, ons is naby die rivier, jy beter nou wakker sit, ons gaan nóú 'n koedoe kry!"

Jopie probeer om sy oë oop te hou, maar hy slaap sommer dadelik weer. Nou begin ek bekommerd word, as selfs die towerwoord "koedoe" hom nie kan wakker hou nie, moet daar fout wees. Ek draai die bakkie se neus terug huis toe, bang dat sy suiker nou so hoog geraak het dat hy in 'n ligte koma wil ingaan.

By die huis máák ek hom dadelik sy suiker toets, maar, vir die eerste keer sedert hy by die dokter was, toets sy suiker normaal met 'n lesing van 4.8! Nou los ek vir Jopie, dat hy dan maar op sy bed lê en slaap. Maar ek is nog steeds bekommerd en bel vir Tina en vra dat sy Jopie se dokter bel en vra wat sy dink kan fout wees dat hy nie kan wakkerbly nie en of ons maar liewer moet huis toe ry.

Teen die tyd dat Tina 'n driekwartier later terugbel, het ek alreeds besluit dat ons maar liewer sal terugry. Ek het vir William en Daniël al verduidelik dat Jopie positief getoets het vir Covid en dat hulle, die oomblik dat hulle dalk begin siek word, dadelik moet bel dat ons kan reël dat hulle getoets word. Ek het ook al begin om die groot goed op die bakkie te laai en vir my 'n bottel koffie vir die pad gemaak.

"Die dokter sê dit kan dalk die suurstof vlakke in sy bloed wees wat nou te laag geval het wat hom so laat slaap," sê Tina oor die telefoon, "sy sê julle moet maar dadelik terugkom en dat Jopie haar more moet kom sien sodat sy vir hom medisyne kan voorskryf."

"Toemaar," sê ek vir Tina, "ek het eintlik al klaar besluit om terug te ry en het al begin pak. Julle kan ons seker vanaand so teen nege uur verwag. Sodra Jopie wakker word, sal ek hom sy tas laat pak en dan ry ons."

Ons het skaars klaar gepraat of hier kom Jopie uit die kamer uit. Hy lyk sommer baie beter as vroeër. Ek vermoed dis die ketel, wat ek weer vol water gemaak en aangesit het nadat ek my fles koffie gemaak het, se gefluit toe dit begin kook wat hom wakker gemaak het. Ek verduidelik vir hom wat die dokter vir Tina gesê het en dat ons maar gaan terugry huis toe. Terwyl ek vir hom koffie maak, gaan pak hy sy tas. Ek en William het intussen al die ander goed ook op die bakkie gelaai.

"Nou wat van my koedoe?" wys Jopie dat hy darem weer in dinge begin belangstel.

"Ek het klaar vir Karl gebel," sê ek, "hy sal jou koedoe by Henk gaan haal en dit Dinsdag vir ons Tzaneen toe bring. Dis nou ons vriend Karl Osmers wat die naweek saam met sy gesin op *Cohen* was en wie ek geweet het Dinsdag teruggaan huis toe.

Wanneer Jopie klaar koffie gedrink het, bring hy vir my sy kleresak om op te laai. "Is jy nou seker jy het alles?" vra ek, "dat ons kan ry? Miskien moet jy dalk net weer in jou kamer gaan kyk of daar nie iets agtergebly het nie."

Terwyl Jopie kamer toe loop, betaal ek vir Daniël en William die gebruiklike fooitjie en ek gee ook vir Daniël geld vir sy vrou, wat altyd die huis skoonmaak as ons daar is.

"Het jy mooi gekyk in jou kamer," vra ek vir Jopie as hy in die bakkie klim, "dat niks agtergebly het nie?"

"Ja," sê Jopie, "ons kan maar ry."

Maar ons was nog nie eers op Bokmakierie nie, of hier bel Johan vir Jopie. As hulle klaar gepraat het sê Jopie verleë: "Ek het sowaar my sakkie met al my geld, my bankkaarte en my ander selfoon op die grond voor my bed vergeet. Ek wou dit vat net voor ons ry en het weer daarvan vergeet. William het vir Johan gebel en dit vir hom gesê, maar Johan het klaar gereël met die mense wat langsaan, op *Bordeaux* jag. William sal die sakkie soontoe vat en hulle sal dit Maandag Tzaneen toe bring."

Op pad terug probeer ek maar kort-kort om met Jopie te gesels oor goed wat hom sal interesseer, maar hy praat nie baie terug nie. Maar kan jy glo, ek het besluit om terug huis toe te ry omdat hy nie kon wakkerbly tydens die jag nie, maar op die hele pad terug Tzaneen toe (behalwe vir 'n klein entjie tussen Bandelierkop en die Soekmekaar afdraaipad), was hy die hele pad wakker!

By die huis aangekom het ek net Jopie se goed afgelaai en toe vir Tina sy bloed-suurstof vlakke laat toets – en daar is dit 94% - heeltemal normaal!

Die afloop van hierdie naweek? Wel, Danwilh was, seker met reg, nogal kwaad vir ons omdat hy vir 10 dae by die huis moes kwarantyn terwyl hy toegegooi was onder die werk by sy kantoor. Hy was kwaad vir Jopie omdat hy so onverantwoordelik was om nie *eers* sy Covid toets se uitslag te kry vóór ons gaan jag het nie. Hy was kwaad vir my omdat ek nie vir hom gesê het dat Jopie 'n toets gaan doen het en nog nie die uitslag gekry het nie. En ja, ons is seker skuldig aan nalatigheid, maar dis omdat ons verkeerde aannames gemaak het – wat verseker nie sou gebeur het as Jopie se dokter net vir hom gesê het dat die hoë suiker waarskynlik deur die Covid virus veroorsaak is nie.

En dan het nie ek of my gesin, of Danwilh en Regina, siek geword nie. Ook nie William, Daniël of sy vrou Esther nie. Ek het nog altyd geglo, en ek glo nou nog baie seker dat ek en my gesin deur 'n Hoër Hand beskerm word en nie Covid sal kry nie.

En, alhoewel Tina later ook positief getoets het, was beide sy en Jopie nie een baie siek van die virus nie. Dis net hulle albei se suiker vlakke wat taamlik hoog was – Tina s'n het eintlik langer hoog gebly as Jopie s'n. Sy het ook nie nodig gehad om haarself in te spuit nie, sy moes net pille drink vir haar hoë suiker.

En ten slotte – het alles dan net sleg verloop op hierdie naweek? Natuurlik nie! Daar is geen gebeurtenis waar alles nét goed of nét sleg gebeur nie. Ek meen, Jopie het darem 'n mooi koedoebul geskiet, so hy kan tevrede wees. Johan kan ook tevrede wees, want Jopie het darem 'n redelike deel van sy (Johan se) skuld weggewerk. En verder kan al drie ons jagters ook baie tevrede wees – hierdie jag het mos nie heeltemal reg verloop nie, so ons sal verplig wees om hierdie jag weer oor te doen, al is dit dan nou ook in die lente!

Die Remington koedoe

In 1816 begin Eliphalet Remington in Ilion, New York, om vuurwapens en ammunisie te vervaardig. En soos Winchester vuurwapens en ammunisie, wat in 1866 deur Oliver Winchester begin is, is Remington vandag nog 'n amper ikoniese naam in Amerika. Iemand het dit selfs as volg beskryf: "*Remington firearms have been forged from the untamed spirit that will always define the American spirit.*" En anders as Winchester, wat op 31 Maart 2006 hulle deure toegemaak het, maak Remington daarop aanspraak dat hulle die oudste fabriek in Amerika is wat nog hulle oorspronklike produk vervaardig.

Nou oor die kwaliteit van hulle vuurwapens kan ek nie 'n mening uitspreek nie – ek het nog nooit 'n Remington besit nie. Maar die kwaliteit van hulle ammunisie en herlaai komponente, as jy jou eie ammunisie laai, is rêrig pateties swak – glad nie wat mens sou verwag van so 'n bekende vervaardiger nie. Dit is in elk geval hoe ek dit ervaar het toe ek laas van hulle slagdoppies gekoop het. En ook verlede jaar gesien het met 'n pak.223 patrone wat Karl Osmers gekoop het. Die ou boere sou gesê het: "Dis 'n blerrie skande!"

Die probleem het gekom toe ek so drie jaar gelede slagdoppies by die vuurwapen winkel wou koop en hulle nie van die CCI slagdoppies wat ek normaalweg gebruik, gehad het nie. Ook nie PMP slagdoppies nie. Al wat daar was, was Remington, en omdat hulle nou so 'n bekende vervaardiger is, koop ek toe 300 slagdoppies en laai vir my 300 patrone vir my 7x57. Tot my grootste spyt, want elke tweede of derde patroon wil nie afgaan nie!

Eers het ek gedink my geweer se slagpen het dalk iewers seergekry, want so 'n ikoniese vuurwapen vervaardiger sal tog nie sulke foutiewe produkte op die mark sit nie! Totdat Karl eendag saam met my op die skietbaan gaan skiet het met 'n pak gekoopte Remington.223 patrone – en dieselfde ding gebeur toe met hom! Nou ja, Karl het die helfte van die pak weggegee vir Lappies Labuschagne wat ook op die skietbaan was, wat dit summier weggegooi het – hy weet ook van die probleem.

Maar ek sit met 300 gelaaide patrone – ek het nie tyd of lus om al 300 punte te trek, die slagdoppies uit te druk en weer oor te laai nie. So raak ek gewoond daaraan om maar elke patroon wat nie afgaan nie, weer te laai en weer te probeer – party gaan darem so na die tweede of derde keer af. Wat nie te sleg werk op die skietbaan nie. Maar in die jagveld is dit natuurlik 'n ander storie.

En na wat in hierdie storie gebeur het, het ek maar eendag, toe my jagmaat Danwilh my vanaf 'n groot vuurwapen winkel in Pretoria bel en vra of ek iets nodig het, dat hy vir my sommer honderd nuwe doppe, honderd CCI slagdoppies en honderd 170 grein Pro-Amm punte koop, wat ek toe gelaai het en uitsluitlik vir jag gebruik. Die Remington slagdoppie patrone skiet ek nou maar op die skietbaan uit wanneer ek voor 'n jagtog gaan oefen.

Twee jaar gelede jag ons weer op Oporto. Dit was ons tweede jag op Oporto daardie jaar, en my vrieskas was nog redelik leeg aangesien ek op die vorige jag naweek niks geskiet het nie – in elk geval nie vir myself nie. Maar laat ek eers bietjie afdwaal van my eintlike storie wat ek hier wil vertel en eers dáárdie naweek se storie vertel.

Ek het nogal taamlik gesoek na 'n groot bok – 'n koedoe of waterbok – en het my redelik moeg geloop op soek daarna. Een dag loop ek in 'n sandslootjie op met baie vars tekens van koedoes. Maar die volgende oomblik kom daar 'n vlakvark na my toe aangeloop. Daniel, die ou man wat op die plaas werk, het nogal gesoebat dat ons vir hom 'n vark moet skiet. Maar ek wil mos nie nóú 'n vark skiet met al die vars koedoe spore nie! Hulle is seker nét hier naby, en daar is 'n groot bul se spore ook by.

Maar die blerrie vark kom reguit om my afgeloop – nou sommer baie naby. "Ek gaan jou nié skiet nié," sê ek vir die vark terwyl ek darem die geweer oplig, net vir ingeval, "ek soek 'n koedoe."

Hy is nou vyf tree van my af. "Ek gaan jou definitief nie skiet nie!" sê ek weer.

"Bam!", sê my 7x57, en daar lê die vark! Sommer voor die kop geskiet, so naby was hy. Nou is die koedoes natuurlik weg!

Nou ja, dit het seker gemaak dat die saak van 'n koedoe vir die vrieskas vir my 'n taamlike prioriteit geword het. Daarom ry ons op die naweek van ons storie met my Mahindra bakkie om 'n koedoe te soek – Jopie bestuur en ons vriend Karl Osmers sit agterop die bakkie – hy wil nie jag nie en ry sommer saam vir die lekker.

En ja, dit is waar dat ek deesdae baie meer met die bakkie jag, wag maar totdat jy ook naby 70 jaar oud word dan kyk ons of jy dit nie dalk ook al meer sal doen nie.

In elk geval, ons ry deur 'n taamlike droë deel van die plaas, op die *Windpomp pad*, waar die plantegroei sommer merkbaar dood lyk.

"Hier sal ons niks kry nie," sê Karl van agter op die bakkie af, "dis 'n morsdooie kol hierdie."

Hy het seker nie opgemerk dat die koedoes, juis in hierdie deel, die Sesam bome se bas oral afgevreet het nie – iets wat hulle op Oporto gereeld doen wanneer die blare min raak in die winter.

Want Karl se woorde was skaars koud of hier staan die yslike koedoebul langs die pad – aan Jopie se kant. Jopie het vroeër die jaar al 'n koedoebul op Oporto geskiet, dus sê hy vir my: "Druk jou geweer hier voor my verby en skiet hom!"

Nou ja, soos ek in die vorige storie geskryf het, staan so 'n koedoebul net vir drie sekondes stil, dan hol hy, maar ek moet seker maar probeer. Maar nou ek moet my geweer omswaai van waar dit deur my venster gewys het, dit in die bakkie draai sonder om die loop na my twee jagmaats te wys, en dit dan weer voor Jopie deur sy venster kry. Daardie drie sekondes gaan mos nooit so lank hou nie!

Ek kry met 'n gesukkel die geweer reg en korrel op die koedoe. Hy staan sowaar nog stil! Wanneer ek die sneller trek, sê Remington net "kliek!" Ek haal verbouereerd weer oor en hoop dat daar 'n wonderwerk sal gebeur dat die koedoe sal bly staan én dat die tweede Remington patroon se slagdoppie wel sal afgaan.

En die koedoe staan sowaar nog stil! Ek begin 'n baie sterk vermoede kry dat hierdie koedoe ernstige selfmoord neigings het.

Nou ja, die wonderwerk gebeur toe tog dat die tweede slagdoppie wel afgaan, en ek skiet hom 'n mooi blad skoot. Maar Karl dink nie so nie.

"Jy het hom te ver agter geskiet!" sê hy, hy is weer in 'n negatiewe bui vandag.

Ons loop op die bloedspoor, Karl kán mos spoorsny. As ek sien in watter algemene rigting die spoor gaan, loop ek so effens skuins regs voor Karl en Jopie. Dus sien ek die koedoe voor Karl en Jopie nog naby is. Ek sien sommer hy is klaar met die wêreld, maar omdat Karl nou die negatiewe gedagte in my kop geplant het dat ek hom dalk te ver agter geskiet het, skiet ek hom sommer 'n vinnige skoot in die nek waar dit by die lyf bymekaar kom en hy bly net daar lê. My Remington koedoe is darem nou properlies dood, ten spyte van al die klein dingetjies wat verkeerd geloop het.

En Karl het hom half kaduks geskrik vir die skoot wat hier bý hom afgegaan het – dit sal hom leer, hy wou mos so negatief wees!

Op 'n leeu se spoor

Oom Izak Breytenbach het jare lank in Kenia geboer, maar soos baie van sy mede-Afrikaners, het hy in 1963 teruggekeer Suid Afrika toe in die tyd toe die Mau-mau's se terreurdade in Kenia 'n hoogtepunt bereik het. Die Suid Afrikaanse regering het besluit om hierdie boere te help om grond te bekom en so het hulle aan oom Izak die huurplaas *Leeukop,* anderkant Gravelotte, toegeken om weer 'n boerdery te begin opbou. (Hierdie plaas is vandag deel van die Groot Letaba wild reservaat.)

Oom Izak was my ma se oom – hoe die verwantskap gewerk het, is ek nie seker nie, en my Ma se verstand wil nie meer so goed onthou soos 'n tyd gelede nie. Sy is wel seker dat oom Izak nie aan my ouma verwant was nie, wat seker moet beteken dat oom Izak se vrou, tannie Lena, my oupa Abel se suster moes gewees het.

Ons het geweet dat oom Izak, soos baie van die ou boere, 'n baie beginselvaste Afrikaner was met presies afgebakende waardes – 'n ding was vir hom óf reg óf verkeerd, daar was nie vir hom iets soos 'n amper-reg of amper-verkeerd tussenin nie. Dat hy nogal 'n korrelkop oor hierdie waardes kon wees, het ek eers lank na sy dood van 'n onverwagte bron verneem.

Toe ek en Mariette na ons troue in 1979 vanaf Suidwes (Namibië) aanland by my nuwe werksplek en ons nuwe tuiste net buite Vanderbijlpark, was ons in die Rietspruit gemeente van die Hervormde kerk. Ons Dominee daar, 'n Ds. Breytenbach, het ons eenkeer vertel dat hy in sy jongdae 'n Dominee was op Eldoret in Kenia.

"Dominee is ook 'n Breytenbach, het jy nie dalk daar 'n oom Izak Breytenbach geken nie – dit was my ma se oom, en is julle dalk familie?"

"Ja," sê die Dominee, "ek het hom baie goed geken, hy was een van my ouderlinge, en nee, ons is nie familie nie. Ek onthou hy kon nogal 'n korrelkop wees as hy die slag omgekrap raak. En dis toe dat hy my die storie vertel:

"Ons was eendag op huisbesoek tussen die plase, almal ver van mekaar. Ek het oom Izak vertel van iets wat ek in die gemeente wou verander, maar dit was toe die verkeerde ou om dit voor te vertel. Ek het nie geweet hy voel so sterk oor die ou sakie nie – 'n beginselsaak, het hy dit genoem. Maar meer om die oubaas bietjie te terg, begin ek met hom stry daaroor. Dit was 'n fout. Want die volgende oomblik sê hy: 'Dominee, stop die kar asseblief,' en toe ek stop klim hy uit en sê: 'Dominee, nou kan jy alleen verder ry, ek loop van hier af.'

"Nou ja, dit het omtrént 'n gesoebat en mooipraat gekos om die oubaas weer te laat inklim – en ons was myle van die volgende plaas af!"

Maar oom Izak kon ook 'n platjie wees, soos die volgende sal bewys.

Een keer toe ons by oom Izak-hulle gekuier het, was daar 'n leeu op die plaas, wat oom Izak se beeste begin vang het. Op daardie stadium was oom Izak al sieklik, en sy groot seuns was almal al uit die huis uit, sodat daar niemand was om die leeu te gaan skiet nie.

Ek moes seker omtrent so 12 jaar oud gewees het, wat beteken dat ouboet Gerhard seker 16 jaar en kleinboet Jopie omtrent 9 jaar oud was. Gerhard se skoolvriend, Montie van Niekerk, was ook saam. Oom Izak het besluit dat Ouboet-hulle groot genoeg was om die leeu te gaan voorsit, maar toe ek en Jopie met alle geweld ook wou saam, sê oom Izak vir my: "Jy kan nie saamgaan nie, want jy het nie 'n leeu-broek nie!"

"Wat is 'n leeu-broek, oom Izak?" vra ek, taamlik afgehaal dat hy nie wil hê ek moet saamgaan nie.

"'n Leeu-broek is 'n broek wat nie 'n vaste sitvlak het nie," sê oom Izak, "dit het net so 'n flap wat agter afhang. As jy dan weghardloop, staan hierdie flap reguit agtertoe in die wind, sodat jy nie jou broek bemors met jou groot skrik nie!"

Maar ek en Jopie kon toe tóg saamgaan, maar moes voor in die bakkie sit. Die bakkie is so getrek dat, wanneer die ligte aangesit word, dit mooi op die half opgevrete bees-karkas, die leeu se prooi van die vorige aand, sou kon skyn wanneer ons dit aansit. Dit was opwindend en ons was natuurlik bietjie bang ook, want die vensters moes oopbly sodat Ouboet en Montie, wat agter op die bakkie op 'n matras gesit het, my deur die venster aan die arm kon vat om die ligte aan te sit wanneer die leeu kom vreet.

Ongelukkig het die leeu toe nooit die aand kom vreet aan die karkas nie.

Maar jare later, toe ek self op 'n leeu se spoor geloop het, het ek by myself geglimlag dat ek weereens op 'n leeujag gaan sonder 'n leeu-broek! Dit het só gebeur:

My groot vriend Daan Roux se swaer, Rooi Piet Oosthuizen (hy was getroud met Daan se suster, Stella – hulle twee was ook baie goeie vriende van my), bel my eendag vanaf sy plaas net buite Gravelotte.

"Kan jy dadelik uitkom hier na my plaas toe?" vra hy, "'n Vervlakste leeu het gisteraand weer 'n bees kalf van my gevang – die derde een sover - en is nog in die plaas. Ons het sy spore gevolg tot waar hy by die krip water gedrink het. Kan jy die vuilgoed kom doodskiet?"

Nou hoekom Piet vir my gevra het om die leeu te jag en nie vir Daan, wat per slot van sake baie meer ervaring met die jag van gevaarlike wild gehad het as ek, kan ek nie onthou nie. Miskien was Daan dalk nie tuis nie. Maar natuurlik het ek onmiddellik van die werk af huis toe gery, my .375 H&H

Winchester en sagte punt ammunisie opgelaai en Gravelotte toe gery.

Ek het nog nooit 'n ernstige begeerte gehad om 'n leeu te skiet nie, vir die eenvoudige rede dat ek nooit iets skiet wat ek nie óf kan eet óf wat my skade kan berokken nie. Maar nou hét hierdie leeu alreeds vir Piet baie skade berokken en sal geskiet moet word voordat dit vir Piet of sy bure nog verdere groot skade aandoen.

Ja, natuurlik besef ek dat ek 'n gevaarlike dier gaan jag sonder enige ondervinding hoegenaamd, en sonder 'n ervare leeujagter wat my vergesel. Maar waar het honderde van die ou boere, wat later ervare leeujagters geword het, hulle eerste ondervinding met leeus opgedoen? Baie min van hulle het ervare leeujagters aan hulle sy gehad toe hulle hulle eerste leeu geskiet het - ek loop maar bloot dieselfde paadjie as hierdie ou boere en voortrekkers.

En ek het redelik kennis van leeus se gewoontes, al is dit dan nou net deur al die honderde boeke deur baie ervare jagters geskryf, en ook wat ek persoonlik van ou leeujagters verneem het. En dan die belangrikste brokkie kennis: dat geen dier *altyd* in elke situasie volgens hierdie bepaalde gedragspatrone sal optree nie, en dat mens in elk geval altyd op die onverwagte voorbereid moet wees.

Nou ja, met hierdie gebrekkige kennis, maar vol selfvertroue, loop ek op my eerste leeu-spoor. Piet het my die krip waar die leeu water gedrink het nadat hy homself dik gevreet het aan Piet se duur kalf, gewys (ek het met my eie bakkie gery) en een van sy plaas werkers saam laat afklim om te help spoorsny. Die ou was nie die beste spoorsnyer waarmee ek al gewerk het nie, maar ons kry darem die leeu se spoor gevat in die fyn poeier-stof rondom die krip.

Die reguit lyn wat die spore maak, bevestig dadelik wat ek vermoed het: hierdie leeu se pens is dikgevreet, daarna het hy dit nog verder rond-vol met water gedrink en nou het hy net een gedagte in sy kop en dit is om iewers in 'n lekker digte skadukol sy roes te gaan lê en afslaap. En, volgens wat ou leeujagters my vertel het, sal 'n leeu jou normaalweg genoeg tyd gee vir 'n eerste skoot – (waarvan jy baie doodseker moet maak) veral as hy so vas slaap as gevolg van sy vol maag. Dis nou mits jy hom eerste gesien kry – nie altyd so maklik in 'n digte skadukol nie!

Die oomblik toe die grond harder en meer klipperig begin raak, verloor ons die spoor. Nie ek óf die handlanger se spoorsny vernuf is goed genoeg om die sagte poot-merke van die leeu in die klipperige grond op te spoor nie – 'n bok se skerp hoewe maak dit darem baie makliker om spoor te sny!

Nou wil die handlanger hê ons moet rondom die kamp loop om te kyk waar die leeu weer uit die kamp uit is, maar ek weet mos hy lê en slaap in hierdie einste kamp. Daarom loop ons in die paadjie op totdat my kop vir my sê: "As ek nou daardie leeu was, sou ek nie verder as omtrent hierdie afstand geloop het voordat ek my slaapplek gesoek het nie."

Daarom draai ek daar regs in die bos in. Nou jag ons baie ernstig en baie versigtig en stadig. Ons bekyk elke bos en elke skadukol baie aandagtig voordat ons aan beweeg. Die wind waai van skuins van voor af – so tussen my linkeroog en linker oor, so daar is nie 'n kans dat die leeu ons sal kan ruik nie. Omdat ons so versigtig jag, seker ook net 'n baie geringe kans dat hy ons in sy toestand van diepe slaap, sal kan hoor.

So halfpad deur die kamp, net na 'n stuk met besonder ruie ondergroei (wat ons baie aandagtig deurgekyk het), swaai ek meer links sodat die wind nou reg in ons gesigte waai. As ons hom net eerste kan sien!

Maar helaas, net toe ons gedraai het en 'n paar tree geloop het, sodat die wind van ons af waai in die rigting waar ons minute gelede die ruie ondergroei verbygeloop het, hoor ons skielik 'n verskriklike kommosie agter ons – presies van daardie einste kol af. Dis takke wat breek, 'n snork wat amper soos 'n bosvark klink en die geluid van 'n

dier wat met swaar poot-val verskrik weghardloop –
gelukkig weg van ons af. Dit is die leeu!

Wanneer ons terugloop na waar ons die begin
van die geraas gehoor het, kom ons agter dat die
leeu plat in die ruie ondergroei gelê en slaap het.
Wat ons nie kon sien nie, is dat daar 'n effense
walletjie was en dat die leeu agter hierdie walletjie
gelê en slaap het – ons het omtrent vyf tree van
hom af verbygeloop sonder om hom te sien! Dit was
eers toe ons gedraai het en ons bokant die wind
vanaf die leeu geloop het, dat hy ons geruik het. So
was my aanvoeling oor waar die leeu sou wou
slaap, heeltemal in die kol, maar dit het ons niks
gehelp nie want ons het hom misgekyk! Dis waar
meer ervaring om 'n leeu in so 'n skadu-nes te
herken, baie handig sou gewees het.

Aan sy spore en ander tekens kan ons sien hoe
geweldig groot hy geskrik het – dit lyk amper asof
hy (die leeu) eerder dalk oom Izak se leeu-broek
sou kon gebruik, en nie ek nie!

Waar hy nog gehardloop het kan ons die spore
goed volg – ook is daar hier en daar gebreekte
takke wat ons help om sy spoor te hou. Maar net
soos toe ons begin het, verloor ons die spoor weer
heeltemal in die harde grond en klipperige terrein.
Ons soek rond in sirkels tot laat middag, ook
rondom die kamp in die paadjie, maar kry nie weer
'n aanduiding van sy spoor nie.

Ons loop terug na my bakkie en ry terug na Piet se opstal toe. Nadat ek eers geëet het en ek vir Piet my storie vertel het, sê hy: "Sien jy kans om hom vannag te gaan voorsit by aas? Ek het 'n vlakvark in die koelkamer wat jy kan gaan opsit – miskien sal hy kom vreet. Maar jy sal alleen moet gaan, ons vier vannag my verjaarsdagpartytjie, en ek dink dis nie raadsaam om weer 'n plaaswerker saam te vat nie."

"Ek glo nie hy sal vannag weer wil vreet nie," sê ek, "maar ek sal definitief gaan probeer."

Nou ja, ek het 'n matras agter op my bakkie gegooi, die vark so 20 tree verder aan een hoekpaal van die kamp om 'n krip ('n ander een as die vorige) vasgemaak, en heelnag so met die oop klap na die vlakvark se kant toe waggehou. Dikwels weggedommel en dan maar weer 'n rukkie wakker gebly. Die leeu het nie die afspraak nagekom nie en ek is die volgende oggend terug huis toe. Later in die dag het Piet my gebel met die nuus dat die leeu weer uit die plaas uit is en dat sy groot skrik waarskynlik sal sorg dat hy nie gou weer sal terugkom nie.

Maar mý groot skrik het later in die week gekom, toe vriend Siegfried Osmers (my vriend Karl Osmers se broerskind), my uit die bloute bel.

"Ek hoor jy het amper 'n leeu geskiet," is sy eerste woorde.

"Waar hoor jy daarvan?" wil ek weet.

"Kom ek sê eers vir jou, jy kan bly wees jy het nie daardie leeu geskiet nie, want dit was 'n 'warm' leeu – almal weet van hom."

"Wat bedoel jy met 'n 'warm' leeu?" vra ek.

"Dis 'n leeu wat 'n bekende boer gekoop en op sy wildsplaas losgelaat het en toe onderdeur die leeu-proef wildwering gekruip het, en die boer het nie 'n vervoerpermit gehad om die leeu na sy plaas te vervoer nie. Maar dis moeilik om te bewys dat dit sy leeu was as jy die leeu nie daar kry nie, en hy wil dit ook nie erken nie. Maar omdat almal, insluitende Natuurbewaring, van die leeu weet, sou jy in groot moeilikheid gekom het as jy hom doodgeskiet het."

"Maar Piet mag mos die leeu skiet as dit sy beeste vang, en hy mag mos vir my vra om dit te doen as hy nie self kan nie!" sê ek.

"Nee, daardie wet het lankal verander," sê Siegfried. Net die plaaseienaar self mag dit skiet, en net as hy 'n skade permit het om dit te mag doen. Jy het heeltemal onwettig gejag na daardie leeu!"

Sjoe, op daardie oomblik het ek amper gevoel asof ek die leeu-broek nodig het! So kan onkunde mens in groot moeilikheid laat beland! En vandag is die wette nog baie strenger, sodat selfs die plaaseienaar nie meer so 'n leeu mag skiet nie.

Ou Abel,

My storie oor my 318 Westley Richards.

Lank gelede kom ek te hore van 'n 318 Wesley Richards wat te koop is. Ek het van kleins af 'n passie vir ou Engelse gewere gehad en my ore het onmiddellik opgetel. Die eienaar was ene Mnr Peter Baragwanath van Haenertsburg. Met die eerste geleentheid was ek vort om hierdie 318 te gaan besigtig (dit was nog dieselfde middag). Groot was my teleurstelling egter. Dit was 'n pragtige geweer maar die loop was toet-en-taal uitgeskiet. Dit het omtrent soos 'n haelgeweer se loop voorgekom, geen groewe.

Peter lig my toe in dat hy R1500 vir die geweer soek en dat Ken Steward (Steward bullets) vir hom ammunisie gemaak het wat 'n paar mikron groter is as die normale 318 WR – 330-ste van 'n duim en dat jy wel met die geweer kan skiet maar dat dit nie te akkuraat is nie. Ek is teleurgesteld huis toe en het dadelik vir Ken Steward gebel. Hy was op daardie stadium woonagtig in Ofcolaco en was 'n gereelde kliënt van my besigheid. Hy beaam alles wat Peter gesê het en met beide begeerte en teleurstelling in my gemoed bel ek toe maar vir Peter en verwittig hom dat ek nie die geweer sal koop nie.

'n Paar maande daarna is ek in Pietersburg (nou Polokwane) by 'n geweersmid met die naam van Wilhelmi (dit is die enigste naam waarby ek hom geken het – en kan ook nie eers meer onthou waaroor ek daar was nie). Ek weet hy het vir my eenmaal 'n haelgeweer kolf van 'n "cast-on" vir 'n regterhandse skut na 'n "cast-off" vir 'n linkerhandse skut verander (ek skiet links).

Met my aankoms by Wilhelmi was hy op sy foon besig en soos enige nuuskierige wapen entoesias loop ek toe maar na al die verskillende apparate en stukke geweerkolwe en kyk. Op 'n plek is daar toe 'n paar lope wat so in 'n rak hang en my oog vang toe "318" op een van hulle. Ek haal die loop af en toe Wilhelmi klaar is met sy oproep vertel hy my dat hy al die jare in Rhodesië (Zimbabwe) gewerk het en nog al die jare vir homself 'n 318 wou bou maar nooit daarby uitgekom het nie.

Ek verwittig hom toe van die koop wat ek kan maak en of hy die loop kan vervang. "Maklik," was sy antwoord en toe vir 'n verdere R1000 het ek toe 'n paar maande later 'n ou 318 WR met 'n splinternuwe loop. Die profiel van die loop was presies soos dié van die ou loop en 'n Mr. Winkler het die graveerwerk presies gedupliseer.

Êrens het ek 'n ou staal K3, 2.5 maal vergroting Weaver teleskoop in die hande gekry en my denkrigting was dat ek met 'n oop visier grootgeword het en die "post" in die K3 met sy slanke lyn sal vir my werk. (dit het presies net so gebeur).

Terug na Ken Steward. Hy verwittig my dat hy wel 318 WR ammunisie kan maak maar dat daar geen herlaai data beskikbaar is nie en dat hy op 'n lading sal begin dan kan ons opwerk. Hy vervaardig die ammunisie toe van sy RNHD ("round nose high density bullets"). Ek het nog altyd van ronde neus patrone gehou en tot vandag toe nog lyk dit net vir my beter. Sy eerste lading was 48 grein S635 en met vier of 5 patrone is ek toe skietbaan toe. Groot was my verbasing en tevredenheid toe dit op 29 meter (Ek stel al my gewere op presies 29 meter in – by Lucas Potgieter geleer) netjies groepeer ('n R2 stuk sal al 5 skote toemaak).

Ken laai toe vir my 50 patrone en ek vat die geweer jagveld toe met baie groot sukses. Rooibokke, koedoes, blouwildebeeste en 'n paar sebras.

Toe begin die sports. Die eerste keer wat ek onraad moes geruik het was toe ek eendag 'n blouwildebees jag. Ek loop in 'n droë rivierloop. Die blouwildebees is nie verder as 30 tree van my af nie en ek het mooi dooierus oor 'n skuins boom (daar was nog nie goed soos skiet stokke nie – of ek het nie daarvan geweet nie). Toe die skoot klap is dit net bokke waar jy kyk en jy hoor net takke kraak.

Toe alles rustig is probeer ek die spoor van die een waarna ek geskiet het kry maar daar is 'n digte blaar bedekking en ek kry nie die weghardloop spoor nie, en kry ook nêrens 'n druppel bloed nie. Ek het vir 'n halfuur gesukkel maar kon nie die spoor optel nie en besluit toe om maar vir ou Shadrak by die huis te gaan haal om te kom help.

'n Uur later was ons weer by die plek en ek sê toe vir hom ek dink die trop is links op maar ek verbeel my ek het 'n geluid gehoor asof een regs op is. Na 'n halfuur se gesoek en sirkels loop kry hy 'n spoor wat links op is en ons begin dit volg, maar kry nog steeds nie 'n druppel bloed nie. Dit was nie ver nie of 'n blouwildebees spring op en hardloop weg.

Ons volg die spoor en nie verder as 150 meter verder sien ek die bok lê en hy kyk terug vir ons. Ek het mooi dooierus en skiet hom voor die kop. Toe ons die bok op die bakkie laai sien ek my eerste skoot was perfek geplaas waar ek gemik het. Ek vra toe vir Shadrak om die bok mooi af te slag sodat ons kan sien wat presies gebeur het. Daai koeël het 'n rib gevang en net so 'n 1mm halfmaan merkie gemaak en dit is net voor die anderkant se agterboud uit. Die rib het dit amper 70 grade gedeflekteer. Ek het dit interessant gevind maar nog nie hond se gedagtes begin kry nie.

Een middag jag ek op die kant van 'n koppie. Dit is klipperig en ek loop soos 'n trapsuutjies. Terwyl ek stilstaan hoor ek 'n geluid wat ek nog nooit in die bos gehoor het nie. Net langs die wildspaadjie waarin ek loop is ou omgevalle kanniedood en ek gaan sit agter die stam. Die geluid kom skuins van voor af en ek kon sien dit gaan die paadjie voor my kruis. Dit kom al nader en toe kom 'n mooi groot bosvark sog stadig oor die paadjie gestap en so 10 tree agter haar kom 'n ou klein bosvarkie agter sy ma aangestap en dit is die ou gestreepte varkie wat die geluid maak. Die wind het skuins regs van voor af na my gewaai en ek sit toe maar vir die twee en kyk en wonder wat sal gebeur as hulle my reuk vang. Terwyl ek nog vir hulle sit en kyk hoor ek 'n klip rol en twee rooibok ramme kom stadig voor my verbygestap en een gaan staan oop en bloot nie verder as 25 meter voor my in die wildspaadjie.

Die "post" van die Weaver teleskoop suig vas net agter die blad en toe die skoot klap spring die bok weg en ek sit baie tevrede en wag vir die geluid van takke wat breek soos die bok val. Daar gebeur egter niks en ek begin die spoor vat. Ek kry 'n druppel bloed en na omtrent 15 minute spoorsny weer 'n druppel bloed en daarna niks.

Die donker vang my maar ek en Shadrak is die volgende oggend vroeg weer op die spoor. Ons sukkel om die spoor in die kliprante te volg en ons vordering is maar uiters stadig. Ons kry 'n plek waar die bok gaan lê het met 'n paar druppels bloed maar daarvandaan kon ons niks bloed kry nie en kon ook nie die spoor verder kry nie. Dit was so 'n maklike skoot en ek kon nie my kop rondom hierdie raaisel kry nie maar het op daardie stadium nog steeds die fout by myself gesoek.

Toe kom 'n groot "boggerop". Ek loop een middag vroeër huis toe om na 'n rugby wedstryd te gaan kyk en op pad huis toe loop ek by 'n gronddam verby wat net onder 'n kliprant lê. Terwyl ek verbystap hoor ek klippe rol in die kliprant en gaan lê sommer so in die pad. Vier koedoebulle kom stadig met die rant afgestap en kom deur die gronddam reguit na my toe aangestap. Een bul wil so speel-speel 'n ander bul met die horings bykom en hy gaan staan plank dwars nie verder as 50 meter van my af nie.

Weereens was ek reg en die "post" van die Weaver teleskoop suig vas net agter die blad en so 'n derde van onder af in die bok se lyf. Die 318 praat en ek sit regop en wag vir die bok om te val, Ek het al honderde bokke net agter die blad geskiet en weet hulle hardloop so 20 tot 30 meter en slaan dan morsdood neer. Ek verkies daai skoot want as ek by die bok kom is hy dood en ek hoef niks verder te doen nie.

'n Man het eendag in die besigheid gekom met 'n kamera en vir my gesê: "I put a new film in this camera and much to my surprise it did work".
Wel, "Much to my surprise the kudu bull did not fall".
Dieselfde storie as met die rooibok. Ek het net 'n druppel bloed of twee gekry en na ek hulp gaan kry

het, het ons nog 'n druppel of twee bloed gekry maar later die spoor heeltemal in die klippe verloor.

Ek het daai 318 skoongemaak en hom in my kluis gaan bêre en gesweer ek sal hom nooit ooit weer gebruik nie.

Op 'n dag sien ek dat Koos Barnard 'n baie mooi boek oor al die verskillende kalibers gepubliseer het en bestel een. Elke aand lees ek so 'n bietjie oor een kaliber en toe op 'n dag lees ek sy artikel oor die 318 WR en by die afdeling oor ladings beveel hy aan, omdat dat daar nie herlaai data beskikbaar is nie, jy begin met 'n lading van 55 grein S635. Toe besef ek waar my probleem lê.

My patrone is met Ken se HDRN gelaai met 48 grein S635. Die hoë digtheid patrone met die stadige lading maak nie oop ("mushroom" nie) as dit nie been vang nie, dit werk dan soos 'n "solid". Toe ek begin terugdink besef ek al die boggerops wat ek gehad het was as 'n bok plank dwars gestaan het en ek nie been gevang het nie. Daai eerste blouwildebees moes my al laat dink het. Al die bokke wat ek op die blad of effe skuins van voor af geskiet het was doodskote. Al my skote was altyd naby en ek het nog nooit 'n bok met die 318 mis geskiet nie.

Een besondere skoot wat ek van die 318 kan onthou was een oggend baie vroeg toe ek 'n trop rooibokke gekry het. Hulle was van my bewus en as ek plat lê (kan dit nie meer vandag doen nie) kon ek 'n mooi oop skoot op 'n ooi kry. Die son het reg agter haar opgekom en toe die skoot klap was die hele bok vir 'n oomblik in 'n "halo" van stof en hare omring. Die skoot is reg voor in die bors in en net voor die agterste boud uit. Dit was die enigste keer in my hele lewe van jag dat ek dit gesien het.

Ek het intussen Woodleigh punte bekom en sal op 'n stadium weer vir die 318 herlaai. Ek jag nog vreeslik baie maar skiet nie meer so baie nie en my 7 x 57 doen sy werk met alles wat ek wil jag.

My verhouding met die 318 WR het egter nou 'n nuwe wending ingeslaan. Ek is nou die trotse eienaar van 318 Wesley Richards egte "sidelock" dubbel geweer en ek gaan binnekort vir die geweer 'n lading onwikkel en my droom is om 'n paar bokke met die oop visier dubbel te jag.

Hopelik is my storie oor die 318 WR nog nie klaar nie en sal daar dalk 'n opvolg in 'n jaar of twee wees.

Groete ou maat

Paul Smit

Ou Abel,

Hier is nog drie stories:

Een van my gereelde kliënte en 'n tennis maat van lank gelede, Hannes du Plessis, nooi my om springbokke en blesbokke op sy plase in die Philippolis distrik te jag. Ek was op een of ander konferensie in Pretoria en ons spreek af dat hulle my vroeg (07h00) by die Shell Ultra City naby die Munt tussen Johannesburg en Pretoria sal kom optel. My dierbare vroulief gaan laai my daar af en binne 5 minute kom al die manne van Tzaneen af daar aan. Almal was vol koffie en die blase was vol. Ons staan toe so in 'n ry van 6 of 8 mans (kan nie mooi onthou hoeveel ons was nie) besig met wat mans maar doen voor 'n urinaal. Dit is doodstil en elke man konsentreer op wat hy besig is om te doen . Meteens kom daar 'n jong man op vol spoed ingehardloop, hy skuif soos 'n resies kar wat aan "over steer" ly binne in 'n toilet hokkie in, klap die deur baie hard toe en toe na 'n stilte van omtrent 'n sekonde bars daar die mees onaardse geluide uit daai toilet uit. Die man was baie duidelik in 'n verskriklike groot nood en het dit met 'n breukdeel van 'n sekonde gemaak. Al ons manne was doodstil tot een afhaak met: "Hy is 'n bietjie los nè!" Nodeloos om te se, daai naweek was alles "net 'n bietjie los né!"

In Philippolis gekom verwittig Hannes ons hy het drie spesifieke blesbok ramme wat hy wil laat jag en ons moet lootjies trek. Ek trek lootjie nommer 3 en vra groot asseblief of ek die jongste bok kan kry en dat ek **groot** asseblief nie van 'n bakkie af wil skiet nie. Hannes was een van daai manne wat jou met 'n antwoord van "Ja dit is reg so, ons sal maar sien hoe dit uitwerk," antwoord.

Die eerste jagter skiet sy blesbok uit 'n trop in 'n kamp waar ons moet voorsit, die bokke word verbygedryf en die jagter kry 'n geleentheid en skiet 'n mooi ram. Vir die tweede bok ry ons na 'n plaas waar daar heelwat rante en bome is. Ons sien 'n trop blesbokke en die 2de jagter klim af en na 'n halfuur se bekruip kry hy 'n mooi skoot en skiet die ram wat Hannes nomineer. Ek het by die bakkie gebly en was baie in my skik. Dit het mos al beter en beter geword en vir my bok gaan ek seker afgelaai word hier tussen die rante en dan kan ek 'n lekker jag inkry. Hannes sê toe: "Nee, jou bok is nie hier tussen die rante nie maar op 'n ander plaas, so 'n halfuur se ry van hier af."

Hoe verder ons ry hoe platter begin dit word en my moed begin sak. Ons kom by 'n hek aan en gaan in 'n kamp in wat so plat is en met 'n lae gras bedekking dat dit soos 'n reuse rugbyveld lyk. Toe ek die hek toemaak roep Hannes my en wys so teen die lyndraad op en sê, "Daar staan jou bok!"

Ek vra: "Hoe weet jy daai swart spikkel is my bok?"

Hy sê: "Ek weet."

Van bekruip is daar nie eens sprake nie en ons begin stadig in die rigting van "my bok" beweeg. Dit was my eerste skoot met my nuwe 6 x 45 en ek wou nie verder as 150 meter skiet nie. Ek is nie 'n te vrot jagter nie maar definitief nie 'n ou wat deur een gat op 300 meter kan skiet nie. Ons kom nie nader as 200 meter nie en ek vat maar 'n kans. Die skoot klap, die bok struikel maar hardloop weg.

Ons ry weer nader en hierdie keer kry ek 'n nader skoot en die bok hardloop net so 20 tree en slaan neer. Ons ry stadig nader en toe ons by die bok kom sak my moed in my skoene in. Dit is die oudste blesbok ram wat ek nog ooit gesien het. Sy horings is stomp af baklei. Dit is nie langer as die twee knoppe op 'n kameelperd se kop nie (twee tot drie duim). Dit is ook die rede waarom hy altyd langs die draad staan, reg vir 'n geveg.

Die kleurling agter op die bakkie het die affêre so bekyk en omgedraai na my toe en sê: "Hene baas, jy gaan hierdie bok baie stewig moet kook!"

Ek wou die "jong" bok vir my ouers gegee het en het toe maar besluit hulle sal met die "ou" bok tevrede moet wees. Ek het my Pa en Ma gewaarsku maar hulle het nooit gekla nie. Sal bitter graag vir Hannes ook eendag met 'n slap riem wil vang.

Ek en 'n maat het in die verlede altyd in Franklin, net buite Kokstad gaan eende en ganse jag. Dit was altyd 'n onvergeetlike jag. Jy staan 04h00 op, ry tot by die plek van die jag, skiet eende en ganse tot so 08h00, gaan dan terug vir 'n lekker ontbyt, vang forel tot 16h00 en skiet dan weer eende en ganse tot donker.

Die plaasboer by wie ons altyd gebly het se plaas was 'n familie plaas en daar het toe twis ontstaan en die plaas is verkoop. Ons het toegang tot jag op die Franklin vleie gehad en daar was letterlik honderde eende daardie jare. Die volgende jaar kon ons toe nie meer op ons ou plek bly nie en ons besluit toe ons gaan in die Franklin Hotel bly.

Franklin was eens 'n vooruitstrewende en florerende gemeenskap, met ek dink Nestlé of een of ander suiwelproduk fabriek daar. Die jaar wat ons toe verblyfplek soek was die fabriek al gesluit, maar die hotel was, volgens die dame oor die telefoon, nog in gebruik. (Ek was lanklaas daar maar ek dink dit is vandag 'n gemeenskap-behuising projek en die hotel bestaan seker nie meer nie)

Die volgende jaar vertrek my jagmaat en ek baie later uit Tzaneen as beplan en kom stikdonker om 24h00 in Franklin aan by die hotel. Dit is stikdonker (die krag was af – daai tyd het ek nog nie van Eskom geweet nie en kon niemand blameer nie). Die ontvangsdame het ons darem mooi verduidelik waar ons kamer is en so voel-voel is ons in die bed want daar was maar min tyd vir slaap daai tyd, ons moes weer 04h00 op.

Na 'n baie suksesvolle jag die volgende oggend kom ons terug by die hotel so 10h00. My jagmaat bly doenig by die kar om al die nat goeters en dooie voëls uit te sorteer en ek neem ons twee haelgewere saam terug kamer toe.

Nou, beide ek en my maat skiet met sy aan sy haelgewere wat deur Engelse geweermakers gebou is, hy met 'n Cogswell & Harrison en ek met 'n Hellis & Sons. Soos dit nou maar is het die Engelse altyd hulle gewere in 'n mooi leer en eikehout tas met "brass corners" verpak om vervoer te word waar hulle ook al gaan jag.

Ek loop toe met hierdie twee tasse op na ons kamer toe, maar in die proses moet ek voor 'n deur verbyloop met 'n bord op wat sê: *"Kroeg en Off Sales."* Net voor ek by die deur kom, kom 'n baie groot man uitgeloop en toe hy my sien steek hy vas en stop my met sy hand soos 'n wafferse spietkop.

Wat die F$%$#@ doen jy hier en wat de F*&&% het jy in daardie tasse. Ek skrik my boeglam en probeer retireer maar die man hou dreigend die halwe meter tussen ons konstant en ek begin bid dat my ou maat moet bykom. Half bewend sê ek: "Nee Meneer, dit is haelgewere en ons kom eende hier in julle wêreld skiet."

Die man vererg hom dadelik vir my: "Moenie vir my 'n klomp K*&^% vertel nie, ek weet jy is van die Goewerment en julle is hier om die drank te toets en daai F%&^% tasse is vol instrumente waarmee julle die drank toets. Maak die F&&^% tasse oop dat ek kan sien!"

Ek sit die tasse neer en maak met 'n groot spoed een tas oop en toe die man die haelgeweer sien verander sy hele houding onmiddellik. "O," sê hy, "julle is daai 'duck hunters'," draai om en loop na sy kar , klim in en ry weg.

Tot vandag toe het ek nog nooit die moeite gedoen om uit te vind of daar regtig mense is wat drank toets nie. Miskien, miskien nie?

Ek gaan nou al vir baie jare in die Kalahari jag (29 jaar) en het met die tyd my eie ritueel opgebou. In die begin het ek met manne gejag wat veral die eerste aand baie jolig geword het en dan nie so beskikbaar was die oggend van ons eerste jag nie.

Ek het niks teen 'n dop of twee nie maar oor die jare het ek geleer dat dop baie vinnig my baas word en ek hou niks van die vrot gevoel van 'n paar dae daarna nie. So, na die derde jaar, toe die manne nog slaap teen 08h00 het ek besluit, "Bogger dit, ek gaan stap."

Ek het die bakkie geneem en 'n kamp gesoek waar ek al langs die pad sal kan afstap en weer teen die anderkant van die pad na die bakkie kan terugstap. Daai oggend het my jag in die Kalahari toetentaal verander en die afgelope 26 jaar jag ek net op die voet. Ek is dankbaar teenoor daai manne. Hulle het my 'n groot guns aangedoen.

Dit is ongelooflik meer lekker en jy skiet bokke binne 100 meter wat niks van jou af weet nie. Dit moet baie lekkerder smaak as daai bokke wat heeldag gejaag word. Die enigste keer wat ek voorsit springbokke gejag het, het 'n troppie by my verbygekom met so 12 tot 18 duim speeksel slierte wat van uitputting uit hulle bekke gehang het. Weereens, ek het niks daarteen nie maar dit is net nie vir my nie.

Tussen die duine moet jy effe fiks wees en bereid wees om te stap. Na al hierdie jare kry ek nog nie daai opwinding en afwagting uit my wese uit as ons so oor 'n duin begin loer en wie weet wat gaan jy sien? Soms is die bokke reg voor jou en soms sien jy hulle myle ver met die verkyker en dan begin jy maar stap met die duine as skuiling.

Toe ek daarmee begin het, het almal gedink ek is stapelgek en van die boere in die omgewing het spesiaal na Lourens Bothma se plaas toe gery om te kom kyk wie hierdie mal ou is. Wat in my guns getel het was dat ek en Lourens maats geword het.

Hy neem baie jagters uit en skiet op al die korporatiewe boere se plase in die omgewing en nie baie op sy eie plaas nie. As ek daar kom het ek die gebruik van sy hele plaas vir 'n week net vir myself en wie met my saamgaan.

Terug na my ritueel. Ons staan 05h00 op, tel 'n Boesman op en ry so 30 minute na ons kampie onder vier kameeldorings. Daar aangekom maak ons vuur en kook water en drink 'n koppie koffie en beskuit terwyl ons die bitsige koue rondom die vuurtjie trotseer.

So teen 07h00 begin dit lig word en dan begin ons stap. Gewoonlik trek ons baie van die warm klere uit by die eerste bok wat geskiet word en hang dit aan die bome om die plek te merk. So teen 11h00 gaan ons terug bakkie toe om die bokke wat ons gejag het op te laai en dan by die kamp in 'n boom te hang.

Middagete is gewoonlik "peri-peri prego steak rolls" en dan 'n vinnige slapie onder 'n kameeldoringboom. Teen 14h00 begin ons weer loop en so teen 17h00 hou ons op om ons nog steeds 'n bietjie daglig te gee om dalk 'n bok te gaan haal waar dit geskiet is. Twee whiskeys en 'n smaaklike braaivleis die aand en almal is vas aan die slaap teen 21h00. Die stap in die duine maak jou klaar en die ete en whiskeys werk soos 'n slaappil.

Die Boesmans het ons altyd byname gegee. My ou jagmaat het wit hare en hulle het hom die "Vaal baas" genoem. Miskien het my entoesiasme en genot vir hierdie jagtog my oordeel oor stap bietjie beïnvloed want my bymaan was "daai baas wat geen end ken nie."

Ek skiet eendag 'n gemsbok met my 7 x 57 net mooi agter die blad. Ek en die Boesman het hom lank bekruip en die mooi bul was nie verder as 70 meter van my af nie en ek het mooi dooierus oor 'n duin plat op my maag gehad . Die bok het gestaan en wei en toe die skoot klap kyk hy op in ons rigting en bly net so doodstil staan. Ek was baie verbaas en verward want ek weet ek kon daai bok nie mis geskiet het nie. Die Boesman hier langs my op die duin haak toe af en se: "Die baas kan maar weer skiet."

Ek was so verontwaardig dat ek hom toesnou: "As ek daai bok mis geskiet hou ek nou dadelik op met jag en gooi hierdie 7 x 57 weg." Gelukkig vir my het die bok een of twee tree vorentoe begin stap en toe morsdood neergeslaan.

Twee van my maats het partykeer saans om die vuur 'n sigaar gerook en een van hulle gee die laaste ou stompie vir 'n Boesman wat so gehurk voor die vuur sit. Hy neem die stompie van die sigaar so tussen al sy vingers en gee 'n massiewe trek vir omtrent 15 sekondes, sy wange trek sommer so hol, en asem al daai sigaar rook in.

Nodeloos om te sê, hy gaan aan de hoese en die trane rol uit sy oë. Toe hy uiteindelik weer sy asem terugkry kyk hy op na ons en so tussen die hoes en trane deur sê hy: "Hene, my ou longetjies is nie meer so sterk nie!"

Ek hoop ek word gespaar om vir nog 'n paar jare in hierdie wonderlike wêreld te gaan jag. Die duine word al hoër en die sand word al losser. Net die tyd sal leer.

Groete
Paul Smit

*Naskrif: Ek het die woord wat beide die Kleurling en die Boesman gebruik het, vervang met "**Hene**". Hulle het 'n groter woord as dit gebruik (dis mos maar hoe hulle praat) wat dalk aanstoot aan lesers kon gee..*
Abel

Slange

Ou Abel ,

Elkeen van ons wat jag het al met hierdie plat op die aarde ongediertes te doen gehad en ons is almal maar baie versigtig vir hulle. (meeste ouens wat ek ken)

Ek en 'n maat is een oggend baie vroeg op pad na ou Kaalpoot Smit (hy het rêrig nooit skoene gedra nie) se plaas langs die Selati rivier waar hy onder spilpunte met ertjies boer. Nou as daar 'n ou was wat anders oor 'n tarentaal voel as ek was dit Kaalpoot. As ek drie standbeelde in my lewe moes oprig sal dit vir 'n tarentaal, 'n rooibok en 'n mopanie boom wees. (In daardie volgorde) Die tarentale het so 'n hele paar meter van die spilpunt se buiterand die ertjies baie mooi kort en netjies gehou en dit was hoofsaaklik die rede dat ons enige tyd en enige dag kon kom tarentale minder maak (of probeer – manne wat ken weet dat net twee ouens maar sukkel by 'n ronde land).

Ons ry die spesifieke oggend baie vroeg en toe ons op die grondpad na Kaalpoot se plaas afdraai kom die son net mooi op en soos ons ry gooi dit mooi skadu strepe op die pad. Ek ry effe stadig met die Land Rover want die pad is vol gruis en ek weet êrens in daai pad is 'n 90 grade draai en Land Rovers is nie gemaak vir sulke 90 grade draaie nie.

Wat ek spesifiek van hierdie trip kon onthou was dat ons by twee sekretaris voëls wat in 'n droë boom langs die pad gesit het en 'n pragtige prentjie teen die opkomende son gevorm het, gery het. Met die ry merk ek 'n redelike lang reguit streep oor die pad, eers gedink dit is maar net 'n skadu streep maar soos ek nader kom word die streep al dikker, seker 'n paal dink ek maar soos ek spoed verminder besef ek dit is 'n luislang. Teen daardie tyd het ek darem al so stadig gery dat ek mooi om die slang kon ry en tot stilstand kom so 20 tree verder.

Ons klim toe uit om die slang te besigtig en met dié sien ons 'n kar met 'n groot spoed (die stofwolk vertel baie) op ons afpeil. Ek hardloop toe óm die slang om die kar te stop voor hy oor die slang jaag. Die motor met 'n hele familie vol mense stop toe so 20 meter duskant die slang en ek begin toe met my pogings om die slang uit die pad te kry.

Ek staan toe so 'n halwe meter aan die eenkant en my maat 'n halwe meter aan die anderkant en bekyk hierdie slang (hy was nie baie groot nie – so tussen 3 en 4 meter) wat soos 'n potlood doodstil lê. Ek palm 'n klomp gruis van die pad af en gooi so bietjie vir bietjie teen die slang se kop dat hy vorentoe kan seil en uit die pad kom' maar die slang bly doodstil lê. Al hierdie tyd was ons maar effe versigtig vir die kopkant van die slang en het maar redelik naby aan die nie-byt kant (stert) gestaan. Ek gebruik toe my voet en por die slang so effe aan sy stert om hom te motiveer om nou uit die pad uit te kom en met dié slaan daai slang 'n meter hoog reg agteroor in 'n nano-sekonde tussen ons twee deur. Ek dink daai mense in die kar lag nou nog want met die wegspring het my voete onder my uitgegly en ek het plat op my rug geval. My ou maat het darem van die gevaarpunt af weggekom maar die wegtrek merke was taamlik indrukwekkend. As dit 'n 50 meter "sprint" was, was daai wegtrek van wêreld gehalte. Moenie dat die woord "lui" slang jou mislei nie!

Daar was 'n stadium in my lewe wat ek en my 9,3 net wou koedoe bulle jag. Dit was my soort van "Holy Grail". Op 'n dag is ek op die plaas *Bonteberg* (naby Tolwe) van Oom Martiens Gouws op soek na 'n mooi bul. In so 'n effe kalk randjie loop ek my vas in twee mooi rooibok ramme wat my eerste gewaar en met die bekende Pffffffffff vir 'n paar minute my teenwoordigheid aan almal verkondig. Ek het maar geduldig vir die twee bokke gesit en kyk tot hulle later aan my gewoond geraak het en weer begin wei het. Ek het hulle so 'n paar minute kans gegee om weg te raak en toe weer opgestaan om in die wildspaadjie aan te stap op soek na 'n mooi bul. Ek het net 'n paar tree gevorder toe ek vars mis so 'n halwe meter voor my gewaar wat my tot stilstand laat kom, want die mis was onbekend vir my, net soos 'n bees "patty" maar nie groter as 3 duim in deursneë nie. Met die dat ek vir eienaardige stukkie mis staan en kyk en wonder, vang my oog hierdie kop van 'n luislang wat net so effe in die wildspaadjie lê. Toe ek nou mooi kyk besef ek dat my volgende tree presies reg langs hierdie kop sou gewees het! Dit was 'n vreeslike groot slang, ek skat ten minste vyf meter of langer en so dik soos my bobeen.

Ek kan nie vir jou vertel hoe daai slang met my verbeelding gespeel het nie. Daai hele naweek het ek niks geskiet nie want ek het net op die grond loop en kyk. Wat sou gebeur het as ek daai volgende tree gegee het? Hierdie vraag maal tot vandag nog in my kop. Ek wonder nog steeds.

By die huis gekom het ek een van my groot jagmesse ('n geskenk wat ek nooit gebruik het nie) na ou Veon Kruger toe geneem en hy het vir my 'n skede gemaak waar die hef van die mes buite die skede sit en ek dra dit tot vandag toe nog op my belt in die middel van my rug. Wie weet as iets my pak en ek het darem nog een hand vry?

Op *Haddon* het ou Shadrack net 'n paar goed wat hy ordentlik moet doen, waarvan een is dat die krippe elke dag nagegaan moet word. Die drinkplekke is sy prioriteit nommer een. Om een of ander rede was ek en my dogter Katherine op *Haddon* en ons stap saam met Shadrack na een van die krippe naby ons ou huisie. By die krip aangekom sien ek dis net 70% vol en ek begin Shadrack dadelik aanvat oor daaroor. Hy gaan toe dadelik tot aksie oor en skuif die sement "slab" wat bo-oor die gedeelte pas wat die balklep beskerm, weg om die fout te probeer regmaak. Nou Shadrak is kort en baie rond (party dae dink ek, al wat hy doen is net om die water na te gaan). Toe hy sy hand by die opening insteek is daai hele holte vol luislang. Shadrack het soos 'n rubberbal gereageer en in 'n oogknip was hy twee meter in die lug en drie meter weg. Ons het almal lekker gelag en toe Katherine later weer na die slang wou gaan kyk was dit weg. Ons het die sleepsel gevolg en gekry waar dit in 'n ou erdvark gat ingeseil het. Dit was ongeveer 3 jaar gelede. Hierdie winter was hy weer daar. Ons is nou pelle maar op 'n afstand!

Ek is nie 'n bang ou nie. Ek jag al jare alleen en beskou dit as een van my grootste voorregte. Ek was al tussen buffels en olifante en onder 'n boom met 'n luiperd bo in die boom (kremetart) maar as daar een ding in die natuur is wat my bang maak is dit 'n swart mamba. Ons het op *Haddon* een gehad wat in 'n gat in 'n kremetartboom gebly het. Hy het altyd op 'n spesifieke tak gelê en as hy jou gewaar het hy stadig in 'n gat tussen twee takke verdwyn. Hy was nooit haastig nie en die gggggggggggggg soos hy inseil het vir my altyd soos 'n ewigheid geduur. Elke keer as ek daai slang gesien het was dit asof my saligheid verstoor is.

Ek skiet eendag 'n tarentaal op Ben Noel se plaas en hy val in 'n digte bos lantana, maar sy vlerke wapper nog en ek kon presies sien waar hy behoort te lê. Met my nader koms staan 'n mamba skielik regop, tussen my en die tarentaal. Toe daai swart ogies so vir my kyk, hoor ek hy sê " f*&^% hier, dit is my plek! Ek het net daar omgedraai .

Ons is eendag op *Thornybush* op 'n wilds rit in 'n oop Land Rover . Op die passasier sitplek sit Lindsy Milne. Hy was die hoof van Westfalia (tragies in 'n nodelose ongeluk oorlede), 'n baie skrander en wel opgevoede man met 'n baie sagte persoonlikheid, klein gebou met 'n paar goue raam brille. Net toe ons deur 'n sandsloot gaan staan 'n mamba hier teen die kar op en kyk vir my dierbare vroulief in haar oë. Nou daar is een leemte in my lewe. Toe die liewe Here avontuur lustigheid uitgedeel het was my liewe vrou in 'n ander ry of eenvoudig net nie daar nie. Sy is vrek bang (fobies) vir enige moontlike gevaar en toe die mamba nou so vir haar gluur skrik sy haar uit haar ordentlikheid uit en slaan arme Lindsey met die vuis dat die hele man daar onder in die vloerplaat beland. Daai gesig, met die brilletjies wat so skeef sit en opkyk na hierdie vrou wat hom so geslaan het sal ek nooit vergeet nie. Van daar af sorg ek dat daar 'n groot ou of nog beter, niemand voor my dierbare vroulief sit nie.

Ek het in al my jag jare net twee pofadders gekry wat vir my geblaas het. Die een kon ek duidelik sien, hy was so een en 'n halwe meter weg, effe aan my linkerkant. Ek jag weer op *Bonteberg* en loop baie, baie stadig en versigtig (koedoe stap).

Toe die pofadder blaas vries ek met een voet in die lug, beweeg daai voet weer terug en staan doodstil en kyk. Daar is nêrens digte gras, ek kan die grond omtrent 95% sien. Ek neem 'n tree terug - nog niks. Ek neem 'n tree regs, ook niks. Ek neem 'n tree links, niks. Ek neem 'n tree vorentoe – blaas. Ek herhaal die proses. Selfde resultaat. Ek het seker vir 10 minute daar gestaan maar kon nooit daai slang sien nie. Net daai een tree vorentoe het hom laat blaas, maar ek toe maar later omgedraai en verder gejag .

Slange is deel van jag , maar dit laat maar altyd 'n effe ongemak as jy hulle raakloop .

Groete
Paul Smit

Hartseer, frustrasie en humor op Inhambane

Tot en met Desember 1992 het ek en my gesin feitlik elke jaar Desembermaand vir my skoonpa-hulle op hulle plaas *Berghof* in Die Karasberge van Suidwes (Namibië) gaan kuier vir so drie tot vier weke. Die afskeid vroeg in Januarie 1993 was besonder hartseer, want my skoonpa het ons elkeen lank vasgedruk en gesê: "Julle moet mooi gaan, ek sal julle nie weer sien nie."

"Ag nee wat, Pa, ons sal nog baie jare lank kuier!" het ek teëgekap. Maar hy het begin huil, en weer gesê: "Nee, dit is de laaste keer wat ons mekaar sal sien."

En, al het sy woorde ons onrustig gestem, het ons dit nie baie ernstig opgeneem nie – hy was immers net 69 jaar oud en was dan so gesond en sterk en vir ons so onverganklik soos die Karasberge se kranse rondom hom.

Ná ons verkenningstog na Mosambiek in Mei 1993, waarvan ek in my vorige boek (*"Kampvure broei mos stories uit"*) vertel het, besluit ek en my vroutjie om daardie jaar die tradisie van Desember in die Karasberge, te verbreek, en saam met kleinboet Jopie en my groot vriend Neels van Rooyen na Tofo te gaan vir die Desember vakansie.

Daarom draai ek my ou blou Land Cruiser met die vol kap se neus in 'n ooswaartse rigting, na

Mosambiek, op 16 Desember 1993 in plaas van wes, na Namibië, soos in vorige jare.

Soos ek in my vorige boek beskryf het, was Mosambiek in daardie beginjare ná die oorlog maar taamlik verniel. Van die infrastruktuur het nie veel oorgebly nie – die teerpaaie was in 'n patetiese toestand, die elektrisiteit netwerk was oral beskadig en, in daardie jare voor selfone, was telefone wat werk so skaars soos hoendertande. Jy was letterlik op jou eie, feitlik totaal afgesny van die buitewêreld.

Omdat daar natuurlik ook nie vakansie oorde was soos wat mens vandag oral langs die kus kry nie, slaap ons die eerste aand weer op die sand teen die see by Chonguene, net soos ons tydens ons verkenningstog in Mei gedoen het. Nadat ons die volgende oggend die verlate hotel vir die vrouens gewys het, vertrek ons vroeg die volgende oggend na Tofo, wat so 17 kilometer reg oos, soos die kraai vlieg, van Inhambane teen die see lê. Padlangs, op daardie slegte pad, voel dit natuurlik eerder soos 170 kilometer!

Maar laat ek maar eers weer, soos gewoonlik, bietjie afdwaal van my storie, want noudat ek weer van hierdie pad vertel, het dit weer herinneringe opgeroep van een minder goeie rit en een baie slegte een – op daardie pad vanaf Tofo terug na Inhambane.

Want sommer die derde dag op Tofo breek die Land Cruiser se alternator – die laer ("bearing") is sommer heel stukkend gebreek – soveel so dat die waaierband nie meer kan styf trek nie. Wat nou? Waar gaan ons in hierdie stukkende land geholpe raak – daar is dan nie eers voorraad in die paar Indiër winkeltjies in Inhambane nie - wat is die kanse dan dat hulle onderdele in hierdie dorp sal hê? Maar ons moet probeer, en omdat ons nie die pad Inhambane toe sonder 'n waaierband wil aanpak nie, en ook nie die alternator met sy stukkende laer wil laat draai nie, sleep Jopie my met sy V8 Land Rover tot in Inhambane.

Toe ons die dorp binnery, stop ons by die eerste mense wat ons kry en vra / beduie waar ons 'n garage sal kan kry. Na 'n lang geredekawel en 'n klomp misverstande verstaan hulle uiteindelik wat ons soek en beduie hoe ons moet ry.

Wanneer ons by die plek aankom, is ons onseker of dit ooit die regte plek is – dit lyk eerder soos 'n trok- en groot masjinerie begraafplaas – vir gewese voertuie wat deur 'n landmyn veld gery het!

Jopie sleep my tot op die sypaadjie voor die plek en ons loop deur die ry stukkende trokke tot by 'n kleinerige werkswinkel, sonder enige hoop om hier geholpe te raak.

Ons kry die werktuigkundige in sy deurmekaar grot en met sy vyf Engelse woorde en ons ernstige beduiery verstaan hy darem dat hy saam met ons moet loop tot by die Land Cruiser sodat hy self kan sien wat fout is en of hy iets daaraan sal kan doen.

Gelukkig praat 'n stukkende alternator 'n universele taal met 'n werktuigkundige, en nadat hy gekyk en gevoel het, gooi hy ons met al vyf sy Engelse woorde: "Bearing", sê hy, "no problem, I fix".

Die twee vingers wat hy na ons wys, snap ons darem gou, is nie 'n vulgêre teken wat hy na ons kant toe gooi nie, maar wel dat dit hom twee ure sal vat om dit reg te maak.

Met visioene dat ons met ons terugkeer 'n alternator vol binddraad, pleister en watter ander modifikasies sal aantref, ry ek en Jopie maar na die mark toe. Ons vermy dié deel van die mark wat vis en vleis tussen wolke vlieë uitstal, en loop na waar daardie beroemde Portugese broodrolletjies verkoop word – dis so vars en warm dat ons elkeen sommer net daar op die plek een opeet.

Daarna ry ons na die Cashew neut fabriek en koop elkeen sommer 'n hele klomp daarvan - dis baie goedkoper as in Suid Afrika. Omdat daar nog tyd oor is, ry ons na die hawe om die Dhows te bekyk.

Wanneer ons weer by die garage aankom, staan die werktuigkundige ons met 'n breë glimlag en inwag: "I fix," sê hy selfvoldaan.

Ons loer effens huiwerig onder die enjinkap in – die alternator lyk waarlik soos 'n nuwe! Die waaierband is styf getrek en wanneer ons die enjin aansit, loop alles soos 'n horlosie.

Ons stap saam met hom na sy werkswinkel om hom te betaal. Hier kry ons sommer twee verrassings. Die eerste is dat sy herstelwerk seker 'n derde kos van wat dit by die huis sou gekos het, en die tweede, wat ons sprakeloos laat, is die kartonnetjie wat hy vir ons wys waar die nuwe laer in was – bo-op staan: "Genuine Toyota parts", met Toyota se embleem en al!

Nou terug na ons storie.

Ons kamp op Tofo het ons, soos met die verkenningstog, voor die laaste huise op die strand opgeslaan. Vanaf ons "kombuis" tot op die seesand, het ons 'n groot bokseil oopgesprei. Ons het nogal gedink dat ons lekker verniet gaan kamp, totdat daar op die derde dag 'n "maritiem" offisier en sy assistent daar opdaag. Aan sy beduiery en die paar Portugese woorde wat ek al hier en daar kan uitmaak, verstaan ons dat die gebied tot by die hoogwatermerk (so neem ons aan) onder hulle jurisdiksie val en dat ons hulle moet betaal vir die kampplek. Maar hulle is darem baie vriendelik – lyk amper bly om ons te sien!

Die pryse vir woon-tente, kombuis-tent en stoor-tente verskil, en, nadat ek op sy lys die pryse vir elk beloer het, vertel ons hom presies watter tent is wat – natuurlik soos dit die goedkoopste sou uitwerk. (Die totale bedrag was eintlik belaglik goedkoop). Hy is egter tevrede, en nadat ons hom betaal het vir 'n sekere aantal dae, het hy nooit weer by ons uitgekom nie.

Die huise agter ons tente staan leeg – daar is een huis waarin die ou wat hom as ons kamp-hulp kom aanmeld het, bly, maar die ander, alhoewel in 'n redelike toestand, staan leeg. Trouens, meeste van die huise in Tofo staan leeg. Daar is egter een interessante uitsondering – een huis word wel deur Suid Afrikaanse vakansiegangers bewoon, in die tyd wat ons daar was. Ons het die mense ontmoet en hulle storie gehoor. Ek meen te onthou dat hulle van Ottosdal af kom.

Die laaste keer dat die man as kind saam met sy ouers op Tofo vakansie gehou het in Desember 1973, het hulle kombuis-bediende, wat altyd saam met hulle gekom het tydens vakansies, besluit om daar agter te bly. Sy het met een van die plaaslike inwoners getrou. Toe die man se ouers besef dat die skrif aan die muur is vir Mosambiek, het hulle die bediende gevra om in die huis in te trek en daar te bly totdat daar weer eendag vrede in Mosambiek is.

Twintig jaar later, in 1993, het hulle hulle kaart en transport aan die owerhede getoon en hulle huis teruggekry. Die bediende het gehuil van aandoening toe sy hierdie kindertjies van haar Oubaas en Ounooi, wat nou groot was en self al kinders het, weer sien. Die huis was nog in 'n verbasende goeie toestand. En hulle het 'n baie goeie tolk gehad wat

Afrikaans, Portugees en Tonga (die plaaslike taal in Inhambane) kon praat!

Maar hierdie mense het amper baie groot skade en moeilikheid gehad, wat ons gelukkig net-net kon verhoed. Een dag is die hele familie op hulle boot die see in – vermoedelik vir die hele dag. Hier iewers in die laat oggend kom daar 'n vrou by ons kamp aan, baie benoud. Dit is die man se skoonsuster en sy vra of ons kan help. Die mense se Land Cruiser stasiewa, waarmee hulle die boot die see ingestoot het, staan op die sand en die see, wat intussen opgestoot het, begin al rondom die Land Cruiser spoel! En die voertuig se sleutel is saam met die mense in die see op die boot!

Daar is al 'n hele skare mense om die Land Cruiser toe ons daar aankom, meesal plaaslike bevolking. Daar kom 'n blanke seun na ons toe aangeloop. "Ons kan die kar nie roer nie, Oom," sê hy, "die kar is in rat, die handrem is aan en dan is die stuurwiel ook nog gesluit."

Dit lyk sleg, die water spoel telkens as 'n nuwe golf inkom, oor die wiele. Jopie wil die kar met sy V8 Land Rover uitsleep, maar dit sal ook nie werk nie. Dis die heel groot Land Cruiser stasiewa, en hierdie goed is ontsettend swaar. En al die wiele sal ook sleep.

Jopie kry gou 'n skroewedraaier en binne 'n paar sekondes het hy die klein venstertjie by die agtersitplek uitgehaal. Dan steek hy sy hand deur hierdie opening om die agterdeur te kan oopmaak, maar hy kan nie bykom nie. Elke derde golf stoot nou al halflyf teen die kar op – tot amper by die vensters.

"Ek sal deur hierdie venstertjie kan kom, Oom," sê die eerste seun se klein boetie. Dit is gelukkig 'n groterige driehoek venstertjie. Hy wurm hom met 'n groot gesukkel daardeur, maak dan (op Jopie se aanwysings) die handrem los en haal die kar uit rat uit. Nou stoot omtrent 40 piekaniens en grootmense aan die kar, maar dit kan net reguit vorentoe, want die stuurwiel is nog gesluit. En vorentoe is daar 'n lae sandbank wat ons uiteindelik, met uiterste inspanning en brute krag, oorwin.

Maar bo-op hierdie sandbank is daar 'n groter probleem. Reg in die pad waar ons moet heen, lê daar 'n baie groot boot op die sand, met sy sleepwa langsaan. En die water is reeds besig om oor die sandbank te begin stoot.

Nou gaan haal Jopie eers sy Land Rover en ons sleep met 'n groot gesukkel die boot op die sleepwa, en Jopie sleep dit uit die pad.. Dan kan ons uiteindelik die Land Cruiser na veiligheid stoot, buite bereik van die golwe. En al die stoters is uitbundig van vreugde, mens sou sweer dis hulle eie kar wat hulle gered het. En die skoonsuster het gehuil van dankbaarheid.

Ons was nogal 'n hele klompie wat daar uitgekamp het daardie Desember. Dit was Neels en

Elize en hulle vier dogters, Jopie en Tina en hulle twee kinders, ek en Mariette en ons twee, en dan was Elize se broer, Eddie, ook nog daar met sy twee kinders. Eddie het 'n opblaas bootjie met 'n enjin op, gehad en op hierdie bootjie het ek eendag my eerste diepsee vis gevang – 'n groot geel-vin tuna.

Omdat ons suurlemoene teen daardie tyd al op was, het ek 'n amper biltong mengsel aangemaak met asyn, speserye, sout en peper en die vis daarin laat lê. (Tuna het mos 'n rooierige vleis, en nie wit soos ander vis nie, daarom dat die biltong gedagte in my kop gespring het!) Daarna het ons dit oor die kole gebraai en dit was heerlik.

Ou Kersaand het die kinders vir ons 'n pragtige Kers-spel daar op die sand aangebied wat ons besonder baie geniet het. Die ster van die vertoning was die jongste lid van die toneelgroep, Jopie se seun Jacobus, wat seker drie of vier jaar oud was.

Omdat hy nog nie rêrig teks kon leer nie, was hy die skapie in die stal, met twee sokkies, met een van die meisiekinders se haarbande om sy kop vasgehou, om die skaap se ore voor te stel. Sy repertoire was eenvoudig – hy het heeltyd op hande en voete in die rondte gekruip en kliphard "mêêê.. mêêê...." gesê sodat party van die groter kinders, dik van die lag, hulle teks vergeet het.

Die volgende dag se Kersmaal was 'n uitgerekte feesmaal – ons het so lank gekuier dat ons eers ná drie uur die middag met ons middagslapie kon begin. Die gevolg was dat dit al laatmiddag was toe Jopie ons kom wakker maak met die nuus dat daar iemand was om ons te sien. Wie sou dit kon wees – ons ken niemand daar nie en wie sou weet waar om ons op te spoor? Maar aan Jopie se gesig kan ek sien dat dit baie slegte nuus was wat die persoon ons wil meedeel.

Dit is 'n vreemde vrou, wie ons van geen kant af ken nie, wie ons soek, sien ons toe ons nog half deur die slaap buite kom.

"Is jy Mariette?" vra sy vir Vroutjie, en toe Mariette bevestig, sê sy: "Ek het ongelukkig baie slegte nuus vir jou – jou pa is oorlede."

Mariette is verbysterd en stomgeslaan. "Wat het gebeur, en wanneer?" vra Mariette tussen die trane wat haar skielik oorval het, deur.

"Dit was 'n hartaanval, en dit het blykbaar die 16e Desember al gebeur," sê die vrou, "ek het julle al 'n paar keer kom soek, maar kon julle nou eers opspoor. Ek bly in Inhambane en jou ma," en sy kyk vir my "het op een of ander manier van my gehoor en my gekontak deur vriende en die weermag," sê sy. Sjoe, mens kan jou hoed afhaal vir my ma dat sy ons hier in die vreemde, waar daar feitlik geen kommunikasie is nie en skaars 'n mens wat Afrikaans of Engels kan verstaan, kon opspoor!

Ek bedank die vrou vir haar moeite, en sy ry terug huis toe.

Natuurlik is Mariette ontroosbaar hartseer, en hoe troos jy nou jou vroutjie in so 'n geval as jyself ook wil huil van hartseer? Die oumense het gesê: "Laat so 'n mens huil totdat sy al die hartseer uitgehuil het." Daarom los ek vir Mariette dat sy huil, en gaan (voordat ek dalk self begin huil) na Jopie en Neels toe om te bespreek wat hulle dink ons nou moet doen.

My skoonpa is waarskynlik alreeds begrawe, so dit sal geen doel dien om te wil teruggaan of om Suidwes toe te ry nie. Ons moet maar gaan bel en hoor wat aangaan, is die konsensus, maar waar gaan ons 'n telefoon in die hande kry?

"Daar is 'n telefoonsentrale op Inhambane," sê Neels, wat weer 'n slag op Tofo was ná ons verkenningstog in Mei. "Ek moes laas van hier af bel en dis die enigste plek waar jy dit kan doen. Jy moet vir die sentrale die nommer gee en dan wag jy baie lank daar buite totdat sy die nommer gebel het. Die groot probleem is, sy kan nét Portugees praat, so jy kan nie rêrig met haar kommunikeer nie." (Neels wou grond hier bekom om 'n vakansie-oord te begin, maar het ná herhaalde besoeke, baie insette en oneindige frustrasie, naderhand moed opgegee.)

Toe Mariette na 'n lang tyd uitgehuil is, ry ek en sy na Inhambane. Dit was reeds donker. En ek onthou vandag nog daardie stuk pad na Inhambane wat ons in die donker moes ry. Want dit was glad nie lekker nie.

Want nou tref 'n ander gedagte Mariette weer, en sy begin opnuut huil: " As ons maar net eerder weer Suidwes toe gery het in plaas van Tofo toe," snik sy, "kon ons my pa darem nog een laaste keer gesien het!"

"Nee, my engel," weerspreek ek haar, "dink nou bietjie mooi, ons sou dieselfde dag gery het as hiernatoe, wat beteken dat ons op die paadjie in na *Berghof* toe, die lykswa langs die pad sou gekry het. Dit sou baie erger gewees het. Buitendien, jou pa het laasjaar, onder baie beter omstandighede, ons gegroet – hy het geweet hy sou ons nie weer sien nie."

Na so 'n bietjie gesoek, kry ons die telefoonsentrale se geboutjie, volgens wat Neels beduie het. Dis 'n klein dubbelverdieping geboutjie, en dis baie donker. Daar is een flou liggie op die grondvloer en een bietjie beter lig op die boonste vloer. Dit is, volgens Neels, waar die dame sit.

Ons stap teen die donker trap op. Die dame praat Portugees met ons en loop nie juis oor van vriendelikheid nie. Ek het vooraf besluit – om my skoonma se nommer op die plaaslyn te probeer bel, sal 'n saak van onmoontlikheid wees om aan iemand wat nie 'n woord Engels verstaan nie, te probeer verduidelik. Daarom skryf ek op 'n stukkie papier op die toonbank my ma se telefoon nommer met al die kodes vooraan, neer en gee dit vir haar sonder om iets te sê. Sy rammel iets af in Portugees en beduie na onder. Ons verstaan dat sy die oproep sal deursit na die telefoon wat ons onder langs die donker trap gesien het, en loop ondertoe.

Nou volg daar seker die mees frustrerende en hartseer driekwartier se wag wat ons nog ooit belewe het, by die voet van daardie donker trap met sy flou liggie. Al die mure rondom is vol graffiti – alles in Portugees, van mense wat seker voorheen ook so 'n frustrerende wag moes deurmaak.

Toe ek buitentoe loop, kom daar 'n netjies geklede swarte uit die donker na my toe aangeloop en begin met my gesels – in Portugees. Ek antwoord hom in Engels, wat hy nie verstaan nie. Hy probeer Tonga, ek Afrikaans. Dan begin hy praat, in perfekte Duits! Nou gesels ons lekker. Hy vertel hy het in Duitsland studeer en is nou terug in Mosambiek, en het nie werk nie. En uiteindelik kom hy uit met die ding - wil ek nie hierdie grênd horlosie by hom koop nie? As hy sien ek stel nie belang nie, groet hy beleefd en loop weg.

Nou loop ek maar weer terug na die halfdonker vertrek met die baie Portugese graffiti teen die mure en kyk of ek iets kan verstaan.

En dan vang my oog twee kort beskrywings in Afrikaans, die enigste tussen al die Portugese graffiti, wat beide my en Mariette, ten spyte van ons groot hartseer, hardop laat uitbars van die lag. Want dis baie duidelik dat die Afrikaner wat hier geskryf het net so gefrustreer was soos ons met hierdie hele opset. Want daar, op die muur, staan in groot swart letters: "*Dom donners*" en net langsaan, "*Mal bliksems*."